THÈSE

POUR

LE DOCTORAT

PAR

Ernest AUBERGÉ

PARIS

IMPRIMERIE DE W. REMQUET ET Cie,

RUE GARANCIÈRE, 5.

1860.

THÈSE

POUR

LE DOCTORAT

*L'acte public sur les matières ci-après sera soutenu
le jeudi 1er mars 1860, à midi,*

Par M. Ernest AUBERGÉ,

Avocat à la Cour impériale.

Président : M. **DUVERGER**, *Professeur.*

Suffragants : MM. **PELLAT**, *Doyen.*
VALETTE, *Professeurs.*
PERREYVE,
LABBÉ, *Agrégé.*

Le Candidat répondra en outre aux questions qui lui seront faites
sur les autres matières de l'enseignement.

PARIS

IMPRIMERIE DE W. REMQUET ET Cᵉ,

Rue Garancière, n. 5.

1860

A LA MÉMOIRE DE MON PÈRE.

DROIT ROMAIN.

Ayant à traiter, en droit français, du privilége du vendeur d'immeuble et de la résolution de la vente pour défaut de payement du prix, j'ai dû choisir, en droit romain, les matières qui présentaient de l'analogie avec un pareil sujet. Il va sans dire que je ne parle pas, en ce moment, du privilége du vendeur, la législation romaine n'ayant rien d'analogue à ce droit ; je parle de la résolution.

Le titre du Digeste qui devait faire l'objet de ce travail était donc le titre relatif à la *lex commis-*

soria. Nous y avons ajouté celui où il est question de l'*in diem addictio*, parce que cette condition, lorsqu'elle se présente sous sa forme résolutoire, a, quant à ses effets, des points communs avec la *lex commissoria*.

Nous allons donc traiter successivement : 1° de l'*in diem addictio*; 2° de la *lex commissoria*.

PREMIÈRE PARTIE

DE L'IN DIEM ADDICTIO.

———

Nous examinerons : 1° quels sont les caractères généraux de l'*in diem addictio*; 2° comment elle s'accomplit; 3° comment elle vient à faire défaut; 4° quels en sont les effets.

CHAPITRE I.

Quels sont les caractères généraux de l'in diem addictio?

La formule de l'*in diem addictio* nous est donnée par le jurisconsulte Paul dans la loi I au D. *de in diem addictione*. Elle est ainsi conçue : « Ille fundus centum esto tibi emptus, nisi si quis intra calendas januarias proximas meliorem conditionem fecerit, quo res a domino abeat. »

L'*in diem addictio* peut être définie : une clause en vertu de laquelle la vente sera parfaite si, dans un certain délai, un tiers n'est pas venu offrir au vendeur des conditions meilleures, ou sera résolue si, dans un certain délai, un tiers vient offrir au vendeur des conditions meilleures.

De cette définition il résulte que l'*in diem addictio* pouvait affecter soit la forme d'une condition suspensive, soit la forme d'une condition résolutoire. Dans ce dernier cas, les jurisconsultes romains disaient que la vente était pure et simple, mais résoluble sous condition ; en d'autres termes, que l'*in diem addictio* était une condition suspensive de la résolution.

Du reste, la question de savoir si l'*in diem addictio* affectait l'une ou l'autre de ces deux formes dépendait de l'intention des parties. La vente était-elle conçue de telle façon que *meliore allata conditione discedatur*, elle était pure et simple, la résolution seulement en était suspendue. Les contractants avaient-ils voulu que *perficiatur emptio nisi melior conditio afferatur*, la vente était conditionnelle (L. II, au D. *de in diem add.*).

Cette distinction présentait un très-grand intérêt pratique. Ce serait anticiper que de signaler actuellement les points de vue divers sous lesquels se produisait cet intérêt. Ils ont trait aux effets de

l'*in diem addictio* : nous en parlerons en conséquence lorsque nous aborderons cette partie de
notre sujet.

En thèse générale, l'*in diem addictio* devait être
expresse; cependant, et par exception, elle était
sous-entendue dans les ventes consenties par le
fisc (L. XXI, § dernier au D. *ad municipalem*;
L. dernière au D. *de jure fisci*; L. IV, au C. *de fide
et jure hastæ fiscalis*).

En pratique, et la plupart du temps, l'*in diem
addictio* déterminait un délai dans lequel la condition devait s'accomplir. Il pouvait néanmoins se
faire qu'elle ne contînt pas la fixation d'un terme.
C'est même là l'hypothèse prévue par la loi XLI au
D. *de rei vind.* — Ulpien nous dit en effet : « Si
quis a lege emerit ut, si alius meliorem conditionem attulerit, recedatur ab emptione. » Le jurisconsulte ne suppose pas, comme on voit, de délai
fixé. En pareil cas, est-ce que l'*in diem addictio*
pouvait s'accomplir pendant un temps indéfini,
et tenir ainsi en suspens les droits des parties? Il
fallait distinguer : était-ce sciemment que les parties avaient gardé le silence sur le terme? La condition pouvait toujours se réaliser, l'état d'incertitude qui résultait de là n'étant que la conséquence
de la volonté des contractants. Mais y avait-il eu
simplement oubli de la part de ces derniers? On
présumait que s'ils s'étaient expliqués, ils auraient
adopté le terme généralement usité dans la pra-

tique; et, en conséquence, on sous-entendait ce terme.

Cette distinction n'est nulle part exprimée dans les textes relatifs à l'*in diem addictio*. Mais outre qu'elle est essentiellement raisonnable, on peut l'induire par analogie de motifs, des décisions données par les jurisconsultes sur d'autres matières. Ainsi, lorsque dans le *cautio damni infecti*, on a omis de préciser le délai dans lequel le dommage devait se produire pour que la stipulation fût commise, si cette omission était volontaire, l'*actio ex stipulatu* pouvait être exercée à quelque époque que le préjudice fût causé; si elle était involontaire, le promettant pouvait demander sa libération au préteur après l'expiration du délai d'usage (L. XV, § 1, au D. *damno inf.*).

CHAPITRE II.

Comment s'accomplit l'*in diem addictio*?

Pour que l'*in diem addictio* se réalise, les conditions nécessaires sont les suivantes : il faut 1° qu'il existe un nouvel acheteur; 2° que ce nouvel acheteur offre au vendeur de meilleures conditions ; 3° que la chose, objet de la seconde vente, soit la même que celle qui a été l'objet de la première ;

4° que les offres meilleures soient acceptées par le vendeur; 5° enfin, que le premier acheteur refuse de se soumettre lui-même aux conditions proposées par le second.

Reprenons successivement chacune de ces contions.

1° *Il faut qu'il se présente un nouvel acheteur.* Il va de soi que ce nouvel acheteur doit être un acheteur véritable. Si c'était un *falsus emptor*, c'est-à-dire un tiers apposé par le vendeur à titre de compère, pour lui procurer la résiliation d'un marché désavantageux, l'*in diem addictio* ne serait pas accomplie (L. XIV, § 1, au D. *de in diem add.*).

Mais l'insolvabilité du nouvel acheteur n'est pas un obstacle à la résiliation de la condition. Cela est évident, lorsqu'il s'est présenté de lui-même sans aucune espèce de fraude de la part du premier acheteur. Mais la même règle était appliquée par les jurisconsultes, lorsque c'était le premier acheteur qui avait offert le second au vendeur, tout en ayant connaissance de son insolvabilité. Seulement, dans ce dernier cas, le vendeur pouvait exercer contre le premier acheteur l'*actio venditi* pour le faire condamner *in id quanti interest* (L. XIV, § 1, *h. t.*).

L'incapacité du *novus emptor* n'empêche pas plus que son insolvabilité l'accomplissement de l'*in diem addictio*. Que la seconde vente ait été consentie, par exemple, à un pupille non autorisé par son tuteur, où à l'esclave d'autrui, la première vente n'en est pas moins résiliée (L. XIV, § 3, *h. t.*). La raison en est que le pupille ou l'esclave dont il s'agit obligent civilement le vendeur envers eux.

Lorsque la chose a été vendue par plusieurs personnes auxquelles elle appartient, il pouvait se faire que le nouvel acheteur fût précisément l'un des vendeurs. Dans cette hypothèse, on pouvait douter que l'*in diem addictio* fût réalisée : le doute naissait de ce qu'il était possible de considérer la seconde vente comme frappée de nullité en ce qui touchait la part que le *novus emptor* avait auparavant dans la propriété de la chose, et de ce que le premier acheteur ne saurait être contraint de garder cette part en restituant le reste. Mais cette raison de douter avait été écartée par les jurisconsultes. Ulpien y avait répondu : « Emere enim cum tota re « etiam nostram partem possumus » (L. XIII, § 1, *h. t.*); et Africain en disant : « Etiam pro ipsius « parte a priore venditione discedi rectius existi- « matur. » (L. XVIII, *h. t.*).

La même difficulté surgissait quand la chose avait été primitivement vendue à plusieurs acheteurs à la fois, et que le *novus emptor* était précisément l'un de ces acheteurs. Propriétaire déjà d'une partie de la chose, il paraissait faire, quant à cette portion, un contrat de vente nul; mais la question avait été résolue de la même manière.

2° *Il faut que le second acheteur offre au vendeur des conditions meilleures.* Cette deuxième condition est ainsi exprimée : « Quidquid ad utilitatem ven- « ditoris pertinet pro meliore conditione haberi « debet. » (L. V, *h. t.*). De là il résulte que l'*in diem addictio* aura son accomplissement si le second acheteur offre au vendeur un prix supérieur à ce-lui de la première vente; si le prix étant le même, le second s'oblige à le payer dans un délai plus court que le premier; s'il doit effectuer le payement dans un lieu plus opportun pour le vendeur; s'il présente des garanties de solvabilité plus grandes; enfin si la position faite au vendeur par le second contrat est moins onéreuse que celle qui lui était faite par le contrat primitif (L. IV, § 6, *h. t.*).

3° *Il faut qu'il y ait identité entre l'objet de la pre-mière vente et celui de la seconde.* Nous trouvons dans les textes les applications suivantes de cette règle. Un fonds *in diem addictus* est venu à périr par cas fortuit; mais il en reste les fruits : une personne se présente pour acheter au vendeur ces fruits perçus par le premier acheteur. Cette *adjectio* n'est pas valable, parce que les fruits dont il s'agit n'ont pas été l'objet de la vente. De même, c'est une esclave qui a été *in diem addicta.* Depuis, elle est accouchée, ensuite elle est morte; s'il se présente quelqu'un pour acheter sous des conditions meilleures le *part* mis au monde par l'esclave, l'*in diem addictio* ne

sera pas réalisée, toujours par le même motif (L. IV,
h. t.).

Mais que la vente ait porté sur deux objets dif-
férents, et que l'un des deux ait été détruit par cas
fortuit, l'*adjectio* relative au second produira tous
ses effets et viendra résilier le premier marché. En
ce cas, il est vrai de dire que l'objet de la seconde
vente est identique à celui de la première (L. IV,
§ 2, h. t.).

4° *Il faut que les offres meilleures aient été acceptées par le vendeur.* La raison en est que l'*in
diem addictio* est, du moins en règle générale, une
clause ajoutée à la vente, dans l'intérêt exclusif
du vendeur. D'où il suit qu'il peut y renoncer pour
s'en tenir au premier marché qu'il a conclu (L. IX,
h. t.). A ce sujet, les jurisconsultes examinent la
question de savoir ce qui se passe lorsque plusieurs propriétaires par *indivis* d'une même chose
l'ont vendue *sub in diem addictione*, et que les
conditions meilleures proposées par le *novus
emptor* sont acceptées par l'un d'entre eux et re-
fusées par les autres. Ils admettent à cet égard
la distinction suivante : La vente a-t-elle été consentie moyennant des prix distincts et séparés,
elle contient autant de ventes distinctes qu'il y a
de prix ; et chacune d'elles peut, en conséquence,
être résolue par l'*in diem addictio*, sans que les
autres le soient (L. XI, § dernier, h. t.). Si cepen-

dant il résulte de l'intention des parties que le premier acheteur n'aurait pas conclu le marché, s'il avait cru que la chose ne lui serait pas laissée en totalité, il faudra suivre la volonté des contractants, et décider que l'*adjectio* sera valable dans le cas seulement où elle aura été acceptée par tous les vendeurs : « Si prior emptor ita contraxit « ut nisi totum fundum emptum nollet habere, « non habere cum eam partem emptam, quam « unus ex sociis posteriori emptori addicere no- « luit » (L. XIII, *h. t.*). Pothier remarque, et avec raison, que ce texte a été transposé. A la place qu'il occupe dans les Pandectes, il semble se rattacher plutôt à l'hypothèse où la vente a été consentie *uno pretio* qu'à celle dont nous venons de parler. Mais il nous paraît clair que la décision donnée par le jurisconsulte dans la loi XIII précitée, vient apporter une restriction à la solution donnée par les textes dans le cas où la vente a été faite *diversis pretiis.*

Que si les parties ont fixé un prix unique, il n'y a qu'une seule vente, et un seul objet, que le *prior emptor* n'eût pas acheté s'il avait pu prévoir qu'on le lui enlèverait en partie. Ce serait donc aller contre l'intention commune des contractants que d'admettre l'*adjectio* proposée par le *novus emptor* pour une fraction de la chose seulement (L. XI, § dernier, et L. XII, *h. t.*).

La nécessité de l'acceptation des offres meilleures par le vendeur n'est pas absolue. Elle reçoit exception tout d'abord quand il résulte des circonstances que l'*in diem addictio* a été ajoutée à la vente tout aussi bien dans l'intérêt de l'acheteur que dans celui du vendeur. En pareil cas, le *prior emptor* peut contraindre le vendeur d'accepter l'*adjectio* (L. IX, *h. t.*). La règle comporte, en second lieu, exception, lorsque l'*in diem adjectio* a été ajoutée à une *distractio pignoris* faite par le créancier gagiste. Cette condition a été apposée à la *distractio* dans l'intérêt évident du débiteur, et il ne peut pas dépendre du créancier gagiste de refuser l'*adjectio* et de priver le débiteur d'un semblable avantage. Toutefois, il faut reconnaître au créancier gagiste un droit de contrôle sur la solvabilité du *novus emptor* (L. X, *h. t.*).

5° *Il faut que l'acheteur primitif refuse de se soumettre aux conditions meilleures offertes par le second.* Il est donc nécessaire que le premier acheteur soit averti des offres meilleures proposées par le second, et qu'il soit mis en demeure de les subir lui-même (L. VIII, *h. t.*). Quant à notre cinquième condition, elle est exprimée par les textes de la manière suivante : « Licet venditori, « meliore allata conditione, addicere posteriori, « nisi prior paratus sit plus adjicere » (L. VII, *h. t.*). La dernière partie de cette phrase prête un peu à équivoque : on pourrait l'interpréter en ce sens que le premier acheteur doit encore enchérir sur les offres du second ; mais cette interprétation serait une erreur. Dès le moment que le premier acheteur fait au vendeur les mêmes propositions que le second, il n'y a pas, de la part de ce dernier, de *melior conditio,* et par suite, l'*in diem addictio* n'est pas accomplie. « Nisi prior paratus « sit plus adjicere » signifie donc que pour éviter la résolution, il suffit au premier acheteur de faire des offres égales à celle du second, en ajoutant au prix de la première vente.

——◆——

CHAPITRE III.

Comment l'in diem addictio fait-elle défaut?

La règle générale est que l'*in diem addictio* fait défaut toutes les fois que les conditions nécessaires à sa réalisation, et dont nous venons de parler, ne sont pas accomplies.

Ainsi, si le tiers qui se présente pour faire une *adjectio* est un *falsus emptor,* la vente sera maintenue.

Il en sera de même si le *novus emptor,* à supposer qu'il soit sérieux, offre au vendeur des conditions égales, ou, à plus forte raison, inférieures à celles convenues dans la vente primitive. Au cas où ces offres égales ou inférieures seraient néanmoins acceptées par le vendeur, celui-ci serait donc tenu vis-à-vis de deux acheteurs : vis-à-vis du premier, en vertu du contrat qui se trouve maintenu, et vis-à-vis du second *in id quanti interest* (L. XIV, *h. t.*).

Au premier abord, on pourrait soutenir que des conditions meilleures sont faites au vendeur par cela seul que le nouvel acheteur offre de lui payer un prix égal à celui payé par le premier. En effet, la vente étant résolue, l'acheteur sera obligé de restituer les fruits perçus pendant l'intervalle, non pas au surenchérisseur, mais au vendeur lui-même; d'où il suivra que le vendeur aura le prix et de plus les fruits dont il s'agit. Néanmoins, les jurisconsultes ne s'arrêtaient pas à ce point de vue; et, dans l'hypothèse qui nous occupe, ils considéraient comme défaillie l'*in diem addictio*. Sans doute, à ne s'attacher qu'au résultat, la restitution des fruits fait au vendeur une position meilleure ; mais, d'une part, c'est là une conséquence non de l'*adjectio* elle-même, mais de la résolution du contrat; et, d'autre part, les fruits à restituer par suite de la résiliation du marché ne sont pas entrés dans les prévisions des parties, comme pouvant constituer au profit des vendeurs une condition plus favorable (L. XIV, § V, *h. t.*).

La vente n'est pas toujours résolue par l'effet de l'*in diem addictio*, lorsque le prix offert par le *novus*

emptor est supérieur à celui antérieurement convenu. Il peut se présenter tel cas dans lequel la
différence entre les sommes sera compensée par
d'autres avantages que le vendeur fera au *novus
emptor* et qu'il avait refusés à l'acheteur primitif.
Ainsi, la première vente était au comptant, la
seconde est à terme, et le vendeur a pu retirer
du prix à lui payé par le premier acheteur des
intérêts égaux à ce dont le prix de la seconde vente
excède celui de la première (L. XV, § I, *h. t.*).

De même encore, supposé que le nouveau contrat porte sur le même objet que celui du premier,
et, en outre, sur d'autres choses qui s'y trouvent
jointes, et dont la valeur égale ou surpasse l'excé-
dant de prix de la seconde vente : dans tous ces
cas, il y a une compensation évidente de la différence qui existe entre les deux prix, et l'équilibre
se trouvant ainsi rétabli, l'*in diem addictio* ne peut
pas s'accomplir (L. XV, § dernier, *h. t.*). — Le
dernier exemple que nous avons cité est ainsi exprimé par Pomponius : « Si fundus in diem ad-
« dictus fuit pluris et quædam ei accedant quæ
« non accesserint priori emptori, si non minoris
« sint hæ res quam quo pluris postea fundus ve-
« nierit, prior venditio valet, quasi melior conditio
« allata non sit si minoris sint. » Ce texte doit
évidemment subir une correction ; il ne se comprend pas avec la phrase incidente qui le termine ;
le *si minoris sint* doit être remplacé par *nisi minoris*

sint, ou par *si minoris sit* en sous-entendant *pretium*. Quoi qu'il en soit, la pensée du jurisconsulte ne peut présenter aucune espèce de doute.

Lorsque deux objets ont été vendus chacun pour un certain prix, sous la condition de l'*in diem addictio*, il faut que l'on sache à quoi s'applique l'*adjectio* : si c'est à une seule des choses vendues ou aux deux. S'il y a sur ce point quelque obscurité, la condition qui suspendait la résolution de la vente devra être considérée comme étant défaillie. Par exemple, deux esclaves ont été *in diem addicti* chacun pour dix ; le *novus emptor* offre trente : a-t-il entendu mettre l'augmentation à l'un des esclaves seulement, la vente primitive sera résiliée pour celui-là et maintenue pour l'autre ; a-t-il voulu acheter les deux en faisant porter l'*adjectio* sur les deux, en achetant quinze chacun d'entre eux, l'*in diem addictio* sera réalisée et la première vente anéantie pour le tout. Mais si l'on ignore ce qu'il a voulu faire, il faudra décider que l'*in diem addictio* se trouve défaillie (L. XVII, *h. t.*).

Supposons maintenant que la nouvelle vente ait été faite elle-même *sub in diem addictione*, en pareil cas, les jurisconsultes avaient controversé la question de savoir s'il y avait de la part du vendeur acceptation suffisante des offres meilleures proposées par le *novus emptor*. Sabinus s'était prononcé pour la négative, et cela d'une manière rigoureuse : il partait de l'idée que la seconde vente n'étant pas définitive, le vendeur n'avait pas assez nettement accepté l'*adjectio*. Julien avait fait de ce point une question d'intention (*L. XI, h. t.*). Suivant l'intention des contractants, il admettait plusieurs ventes successives, dont le nombre cependant ne pouvait pas excéder trois (*L. XI, h. t.*). Cette restriction s'expliquait du reste par la nécessité de ne pas laisser trop longtemps la propriété des choses incertaine.

La condition de l'acceptation de la surenchère par le vendeur fait défaut, toutes les fois que le *novus emptor* qui se présente ne trouve personne à qui adresser ses propositions. Il en sera ainsi, lors, par exemple, que le vendeur étant décédé, un *novus emptor* se présentera pendant que l'hérédité est encore jacente. De telle sorte que si le terme fixé dans l'*in diem addictio* vient à expirer avant l'adition d'hérédité, la première vente sera désormais à l'abri de toute espèce de résolution.

—◦◦◦—

CHAPITRE IV.

Quels sont les effets de l'In diem addictio?

Les effets de l'*in diem addictio* doivent être envisagés dans deux circonstances différentes :

1° pendant que la condition est encore en suspens; 2° quand elle se réalise.

SECTION PREMIÈRE.

Effets de l'in diem addictio quand elle est en suspens.

Les effets de l'*in diem addictio* pendant l'intervalle varient suivant que, d'après l'intention des parties, cette clause a été considérée comme condition suspensive, ou qu'elle l'a été comme condition résolutive.

§ 1. Lorsque l'*in diem addictio* est une condition suspensive du droit des parties, les actions auxquelles la vente donne naissance, l'action *venditi* et l'action *empti*, ne peuvent tout d'abord se produire.

Mais si l'acheteur n'a pas d'action pour forcer le vendeur à lui livrer la chose, il peut se faire que le vendeur opère volontairement cette tradition. La conséquence de cette livraison ne saurait être un transfert de propriété : une condition manque pour que l'acheteur devienne propriétaire, c'est la *justa causa*. Il n'acquiert donc qu'une possession précaire, une possession que le vendeur peut lui retirer à volonté, mais qui cependant ne sera pas pour lui sans utilité : elle lui permettra, comme à tout précariste, d'exercer les interdits.

Nous supposons, dans ce qui précède, que le vendeur était lui-même propriétaire. S'il ne l'était pas, la tradition faite à l'acheteur *pendente conditione* ne le mettrait pas en voie d'*usucaper pro emptore*, malgré sa bonne foi; l'absence de la *justa causa* qui tout à l'heure s'opposait à la translation de la propriété, s'oppose maintenant à l'*usucapio pro emptore* (D., L. VIII, *de peric. et com. rei vend. et trad.*; L. II, § 3, *pro emptore*).

Quant aux risques qui font périr ou détériorent la chose pendant l'intérim, ils sont supportés par le vendeur (L. VIII, *de peric. et com. rei vend. et trad.*).

En ce qui touche les fruits, il est bien évident, qu'en attendant, ils appartiennent au vendeur, sauf à résoudre plus tard la question de savoir si l'*in diem addictio* venant à se réaliser, ils devront être restitués à l'acheteur.

Que si des tiers usurpent la chose vendue, c'est au vendeur que la *rei vindicatio* sera donnée.

§ 2. Quand l'*in diem addictio* n'affecte que la résolution du contrat, en d'autres termes lorsqu'il s'agit d'une vente pure et simple, « quæ sub condi- « tione resolvitur, » les effets qui se produisent pendant l'intérim sont diamétralement opposés à ceux que nous venons de décrire.

Ainsi, le vendeur et l'acheteur peuvent immédiatement exercer l'un contre l'autre l'action *venditi* et l'action *empti*. Si le vendeur est propriétaire, l'ache-

teur le devient immédiatement par l'effet de la tradition, à supposer, bien entendu, qu'il ait payé le
prix, ou, qu'à défaut, le vendeur ait suivi sa foi en
lui accordant un terme, ou bien qu'il ait accepté
de lui un expromissor, un gage, un fidejusseur
(§ 41, Inst. *de divisione rerum*). C'est donc l'acheteur
qui intentera la revendication (L. XLI, *de rei vind.*);
qui percevra et gagnera les fruits ainsi que les
autres accessoires de la chose; qui exercera l'interdit *quod vi aut clam;* et qui sera responsable des
cas fortuits (L. II, *h. t.*).

Que si la vente *sub in diem addictione* a été consentie *a non domino,* et que l'acheteur soit de bonne
foi et au moment du contrat et au moment de
son entrée en possession, il usucapera *pro emptore*
(L. II, § 1, *h. t.*).

SECTION DEUXIÈME.

Effets de l'in diem addictio lorsqu'elle se réalise.

Traitons de ces effets en envisageant encore l'*in
diem addictio,* tour à tour comme condition suspensive et comme condition résolutoire.

§ 1ᵉʳ. Si l'*in diem addictio* a été, dans l'intention
des parties, une condition suspensive, l'effet produit
par l'accomplissement de cette condition sera tout

d'abord de faire naître entre le vendeur et l'acheteur l'*actio venditi* et l'*actio empti*.

Dans l'hypothèse d'une vente consentie *a domino*, à supposer que l'acheteur ait été mis antérieurement en possession, il deviendra propriétaire par la seule expiration du délai convenu, arrivé sans que des offres meilleures aient été proposées au vendeur et agréées par lui. Désormais, en conséquence, ce sera l'acheteur qui revendiquera, qui gagnera les fruits et autres accessoires de la chose. Dans le cas d'une vente faite *a non domino*, l'accomplissement de l'*in diem addictio* mettra l'acheteur en voie d'usucaper *pro emptore*. Quant aux fruits perçus pendant l'intervalle, ils appartiennent au vendeur : « Fructus « medii temporis venditoris sunt, » dit la loi VIII au D. *de peric. et comm.* L'opinion contraire a cependant été soutenue par Cujas; il a enseigné que les fruits dont il s'agit devaient être restitués à l'acheteur, et pour repousser l'argument qui se tire du texte précité, il a dit que le jurisconsulte statuait dans l'hypothèse où la condition venait à défaillir. De telle sorte qu'il faudrait ajouter à la pensée du jurisconsulte Paul : « si conditio defecerit. » Mais outre que cette correction est purement dévinatoire, elle est contraire à l'économie générale du fragment; le « fructus medii temporis venditoris sunt » se trouve parmi d'autres décisions qui toutes sont données pour le cas où la condition se réalise. De plus, dans l'hypothèse de la défaillance de la condition, il eût été complétement inutile de dire que les fruits perçus pendant l'intervalle appartiennent au vendeur; la chose va de soi, puisque la condition n'étant pas accomplie, il n'y a jamais eu de vente.

A l'égard des risques, distinguons la perte totale et la perte partielle. L'accomplissement de la condition reste sans influence sur le point de savoir par qui la perte totale doit être supportée : elle est toujours à la charge du vendeur. Il est élémentaire, en effet, que la condition suspensive, quand elle vient à se réaliser, n'a pas d'effet retroactif pour mettre la perte totale sur le compte de l'acheteur, comme si la vente avait toujours été pure et simple. Remarquons ici qu'à raison de sa nature même, l'*in diem addictio*, en tant que condition suspensive, se trouve réalisé par cela seul que la chose a péri. Il est bien clair qu'elle est alors accomplie, attendu qu'il ne se présentera plus personne pour acheter la chose. Quant à la perte partielle, il faudra suivre encore les règles ordinaires qui gouvernent les conditions suspensives : c'est l'acheteur qui supportera les détériorations s'il ne se présente personne dans le délai fixé pour offrir au vendeur des conditions meilleures : « Sane si extet res, licet dete- « rior effecta, potent dici damnum emptoris esse » (L. VIII, *de peric. et com.*); et cela est de toute justice, car si la chose avait augmenté de valeur, l'acheteur aurait pu la réclamer sans subir aucune augmentation de prix ; il est donc bien juste que, par voie de réciprocité, il soit soumis aux chances de perte.

Ainsi, la vente, qui ne peut jamais devenir parfaite en cas de perte totale, est considérée, en cas de perte partielle, comme l'ayant été du jour où le contrat a été formé.

La rétroactivité de la condition aura lieu encore si, *pendente conditione*, le vendeur ou l'acheteur est décédé. Elle viendra déterminer la transmissibilité de ses droits et de ses obligations à ses héritiers, comme si la vente avait été pure et simple.

Mais, la condition aura-t-elle un effet rétroactif en ce qui touche les droits réels consentis soit par le vendeur, soit par l'acheteur pendant l'intervalle ? Ainsi, par exemple, effacera-t-elle les hypothèques consenties par le vendeur, comme s'il avait cessé d'être propriétaire dès le jour de la vente, à supposer bien entendu qu'à ce moment la chose ait été livrée à l'acheteur ? Réciproquement, les hypothèques constituées par l'acheteur seront-elles validées, comme s'il avait été rendu propriétaire dès la même époque ? En ce qui concerne les hypothèques constituées par le vendeur, en présence du silence que les textes gardent sur ce point, nous pensons que ces hypothèques seraient maintenues. Pour décider autrement, il faudrait partir de l'idée que le vendeur doit être

considéré comme ayant cessé d'être propriétaire
dès le jour où il a mis l'acheteur en possession, et
qu'en conséquence celui-ci doit être regardé comme
l'étant devenu au même moment; or, c'est là une
solution que nous croyons devoir repousser. Nous
savons que l'acheteur ne peut usucaper *pro emptore* qu'à partir de l'accomplissement de la condition, et qu'il ne faut en aucune façon invoquer
sa possession antérieure. Voici donc l'induction
qui se présente naturellement à l'esprit : puisque
l'acheteur n'est *in causa usucapiendi* qu'à partir du
moment où il serait devenu propriétaire, à supposer que le vendeur l'eût été; puisque, d'un autre
côté, l'*usucapion pro emptore* commence à son profit
seulement à l'époque où la condition s'accomplit,
il faut supposer qu'à ce moment-là seul, il serait
devenu propriétaire si le vendeur lui-même l'avait
été. Ainsi le vendeur, malgré la tradition, a gardé
la propriété de la chose jusqu'à l'accomplissement
de la condition, et il n'y a pas à cet égard de rétroactivité. La conséquence en est qu'il a pu grever
la chose de droits réels; que ces droits réels doivent
être maintenus, et que l'acheteur n'a qu'une action
personnelle, l'action *empti*, pour obtenir *id quod
interest*. A l'égard des hypothèques consenties par
l'acheteur, l'idée qu'il est devenu propriétaire,
alors seulement que la condition s'est accomplie,
et cela sans rétroactivité, nous conduit à dire que,
rigoureusement parlant, ces hypothèques ne sont

pas valables, ayant été consenties *a 'non domino;*
mais l'hypothèse dont nous nous occupons doit être
placée sur la même ligne que celle où le débiteur
qui a constitué une hypothèque sur une chose
appartenant à autrui, devient ensuite propriétaire
par voie de succession, par exemple. En ce cas,
sans doute, les jurisconsultes ne donnaient pas
au créancier l'action hypothécaire directe, mais
ils s'accordaient à lui concéder l'action hypothécaire utile (L. XLI, *de pig. act.*). Il en sera de même
ici, lorsque l'acheteur poursuivi sur l'action hypothécaire opposera à ses créanciers que la chose
ne lui appartenait pas au moment de la constitution d'hypothèque; ils lui répondront juste-
ment que ce n'est pas à lui à faire valoir un pareil moyen de défense, attendu que c'est lui qui
a constitué l'hypothèque en leur faveur.

§ 2. Abordons l'hypothèse où l'*in diem addictio*
a été envisagée comme condition résolutoire. La
première question qui se présente est celle de savoir si l'*in diem addictio* a un effet quelconque sur
l'*actio venditi* qui était née immédiatement au profit
du vendeur, la vente étant pure et simple quoique
résoluble sous condition. Avant que la rivalité entre
les Sabiniens et les Proculiens se fût produite,
c'est-à-dire avant le règne d'Auguste, aucune difficulté n'avait surgi : le vendeur conservait l'*actio
venditi,* et il l'exerçait pour rentrer en possesion de

sa chose. Mais, lorsque la division entre les deux écoles de jurisconsultes a éclaté, les Proculiens trouvèrent bizarre que l'*actio venditi* fût employée alors qu'il n'y avait plus de vente et précisément pour faire valoir la résolution du contrat. En conséquence, ils proposèrent l'*actio præscriptis verbis*. Les Sabiniens, ennemis des innovations juridiques, répondaient que l'*in diem addictio* était un pacte ajouté *in continenti* à la vente et que l'exécution de cette clause devait être garantie par l'action même qui résultait du contrat principal. Cette controverse fut tranchée en faveur des Sabiniens par un rescrit de Sévère et d'Antonin, qui néanmoins laissa au vendeur le choix entre l'*actio venditi* et l'*actio præscriptis verbis* (D. L. VI, § 1, *de Contr. empt.*; L. IV, *de leg. Com.* — C. L. II, *de pactis inter empt. et vend.*; L. VI, *de rerum permut.*).

Mais l'*actio venditi* ou bien l'*actio præscriptis verbis* était une action purement personnelle. Elle supposait de la part de l'acheteur l'obligation de transférer la propriété au vendeur. En conséquence, on partait de l'idée que la condition résolutoire n'avait pas pour effet d'anéantir rétroactivement la propriété de l'acheteur et de la faire revenir de plein droit sur la tête du vendeur. C'était là l'opinion commune. Mais quelques jurisconsultes, en petit nombre, avaient proposé une doctrine plus hardie. Tandis que, dans le système généralement adopté, on ne concevait pas la pro-

priété comme pouvant être transférée jusqu'à l'arrivée d'un certain terme ou à la réalisation de la
condition, les jurisconsultes dont nous parlons
admettaient un point de vue tout opposé. Suivant
eux, rien n'empêchait que la propriété ne pût être
temporairement transférée; il fallait suivre à cet
égard l'intention des parties et décider que la propriété résolue sur la tête de l'acheteur revenait de
plein droit au vendeur. La conséquence en était
que l'*in diem addictio* venant à s'accomplir, l'*actio
venditi* des Sabiniens ou l'*actio præscriptis verbis* des
Proculiens devait s'effacer et faire place à la revendication. Cette doctrine fut professée principale-
ment par Ulpien. Il l'expose dans la loi XXIX et
dans la loi XXX *de mortis causa donationibus*, à
propos des donations à cause de mort : il suppose
que la *mortis causa donatio* a été faite sous la condition résolutoire de la survie du donateur, et il
donne à ce dernier la revendication utile pour reprendre sa chose lorsque l'événement prévu s'est
réalisé. Il propose cependant cette solution avec
une certaine timidité, qui se révèle non-seulement
par la forme *utile* dont, suivant lui, l'action réelle
doit être revêtue, mais par les mots *potest defendi*
dont il se sert.

Il expose les mêmes idées à l'occasion de l'*in diem
addictio* dans la loi XLI *de rei vindicatione*, et dans
la loi IV, § 3, *de in diem add.* — Dans ce dernier
texte, il invoque l'autorité de Marcellus. Ce juris-

consulte avait en effet décidé que l'acheteur *sub in diem addictione* était propriétaire pendant l'intérim; que, par suite, il pouvait valablement hypothéquer la chose; mais que, la condition suspensive de la résolution venant à s'accomplir, ces hypothèques se trouvaient rétroactivement effacées, preuve que l'acheteur était considéré comme n'ayant jamais été propriétaire, et le vendeur comme n'ayant jamais cessé de l'être.

L'opinion particulière de Marcellus et d'Ulpien n'était pas loin d'être partagée par Paul. On peut induire cela de la loi XIX *de aqua et aquæ pluviæ arcenda*. Un fonds a été *in diem addictus*; si quelqu'un veut, pendant l'intérim, acquérir une servitude sur ce fonds, il doit se la faire accorder par l'acheteur avec le concours du vendeur; autrement, et à défaut de ce concours, si l'*in diem addictio* venait à se réaliser, la servitude s'évanouirait. Paul traitait donc la servitude constituée par l'acheteur sans la participation du vendeur comme Marcellus traitait l'hypothèque. Cependant on trouve dans les Pandectes des textes du même Paul, dans lesquels est exposée la doctrine ordinaire. (*Voy.* L. XXXVIII, § 5, *de usuris;* L. XII, *de condict. causa data causa non sec.*)

Lorsque nous traiterons de la *lex commissoria*, nous aurons l'occasion de citer d'autres jurisconsultes qui paraissent s'être rangés à l'avis de Marcellus, de Paul et d'Ulpien.

Il nous reste à nous demander si et comment cette controverse a été tranchée par les empereurs. Il y a au Code deux textes qui forment les lois III et IV *de pactis inter empt. et vend.*, et qui présentent une apparence de contradiction. Ce sont deux rescrits de l'empereur Alexandre. Mais comme ils ont trait à la *lex commissaria*, nous nous expliquerons sur ce point en parlant de cette dernière clause. Pour le moment, nous posons en thèse que la controverse a été tranchée par Justinien et par ce prince seulement. Elle l'a été dans le sens de l'opinion isolément professée par quelques jurisconsultes. Cela résulte tout d'abord de l'insertion au Digeste des textes de ces jurisconsultes, et ensuite de la comparaison de la loi II au C. *de donationibus quæ sub modo*, avec le § 283 *des fragments du Vatican.* Ce paragraphe nous donne le texte original d'une constitution rendue par les empereurs Dioclétien et Maximien. Il s'agit d'une donation ayant pour objet des fonds stipendiaires, et faite sous la condition qu'après la mort du donataire les objets donnés feront retour au donateur. Dioclétien et Maximien décident que la donation est *irrita*, attendu, disent-ils, que la propriété ne saurait être transférée à temps. Nous retrouvons la même constitution dans la loi II au C. *de donat. quæ sub modo*, mais mutilée par Tribonien. Les fonds stipendiaires ayant disparu, il s'agit d'une donation ayant pour objet des choses en général, et faite sous la condition qu'après la mort du donataire ces objets reviendront au donateur. Les compilateurs font dire à Dioclétien et à Maximien que la donation est valable, attendu qu'elle peut être faite jusqu'à un certain terme ou jusqu'à une certaine condition. Cette interpolation évidente prouve que le système enseigné par Marcellus, Paul et Ulpien avait prévalu du temps de Justinien. Il marquait, du reste, un progrès considérable dans la jurisprudence et donnait mieux satisfaction à l'intérêt pratique que la doctrine généralement adoptée. L'action *venditi* ou l'action *præscriptis verbis* pouvaient, en effet, être illusoires par l'insolvabilité de l'acheteur; tandis que la *rei vindicatio* donnait au vendeur un droit de préférence sur tous les autres créanciers de l'acheteur. Que si la chose vendue se trouvait entre les mains d'un tiers, il y avait de plus cet inconvénient que le vendeur était obligé d'exercer contre l'acheteur l'action personnelle pour le forcer à lui céder son action en revendication : de telle sorte qu'il y avait alors deux procès, l'un contre l'acheteur et l'autre contre le tiers possesseur ; le système qui consistait à donner directement la revendication au vendeur coupait court à ces ambages.

Lorsque l'acheteur a été mis en possession, nous savons qu'il est devenu immédiatement propriétaire si le vendeur l'était lui-même. Mais supposons qu'il s'agisse d'une vente consentie *à non domino*, alors l'acheteur aura été mis *in causa usucapiendi pro emptore*. Si l'*in diem addictio* se réalise avant qu'il ait eu le temps d'achever l'usucapion, le *novus emptor* pourra-t-il pour usucaper lui-même joindre à sa propre possession toutes les possessions antérieures? Les jurisconsultes avaient douté sur cette question : le doute naissait de ce que la résolution d'une vente n'est pas elle-même une nouvelle vente; d'où il semble résulter que l'*accessio possessionum* ne saurait avoir lieu. Mais les jurisconsultes ne s'étaient pas arrêtés à une semblable idée. C'est ainsi qu'Ulpien l'avait écartée dans l'hypothèse où la résolution consiste dans l'exercice de l'*actio redhibitoria* (l. XIII, § 2, *de adq. vel amit. poss.*). Africain professait la même théorie à propos de la *lex commissoria* (L. VI, *de div. temp. præscr.*). Nous n'avons pas rencontré de texte qui fasse l'application des mêmes principes à l'*in diem addictio*, d'une manière spéciale; mais la loi XIX, *de usurp. et usuc.* étend à toutes les conditions résolutoires en général ce qu'Africain et Ulpien disent, l'un de la *lex commissoria*, l'autre de la *redhibitio*. Concluons de là que le *novus emptor* pour *usucaper* pourra invoquer 1° sa propre possession, 2° la possession de l'acheteur primitif, 3° la possession même du vendeur. Il pourra invoquer cette dernière parce qu'il peut profiter de la position qu'avait auparavant le premier acheteur et que celui-ci avait succédé à la position du vendeur.

Si au moment où l'*in diem addictio* s'accomplit, le *prior emptor* a fini d'usucaper, les choses devront se passer comme si la tradition à lui faite par le vendeur l'eût rendu par elle-même propriétaire. La *justa causa usucapionis*, c'est-à-dire la vente se trouvant résolue, il sera contraint de transférer la propriété au vendeur; seulement, nous ne pensons pas qu'Ulpien eût appliqué ici la *rei vindicatio*; sa doctrine supposait que le vendeur avait été déjà propriétaire, puisque c'était en vertu d'une fiction de rétroactivité qu'il était considéré comme n'ayant jamais cessé de l'être. Ici donc, tous les jurisconsultes se seraient accordés à donner au vendeur l'action *venditi* ou l'action *præscriptis verbis*.

Nous avons vu que pendant l'intérim l'acheteur percevait et gagnait les fruits; mais à l'accomplissement de l'*in diem addictio*, il sera obligé de restituer les fruits qu'il aura ainsi perçus dans l'intervalle (L. VI, *h. t.*). Cependant l'acheteur sous condition résolutoire est débiteur sous condition suspensive, et au premier abord il semblerait qu'il a le droit de garder les fruits comme le vendeur sous condition suspensive dont il est question dans la loi VIII, *de peric. et com.* C'est cette apparence de contradiction qui a déterminé Cujas, lorsqu'il a interprété la loi VIII précitée, à faire une addition à la pensée de Paul en mettant *si conditio defecerit* après le *fructus medii temporis venditoris sunt*. Nous avons déjà sommairement réfuté cette interprétation en elle-même, et nous avons pensé que le vendeur sous condition suspensive retenait les fruits du temps intermédiaire lors même que la condition venait à se réaliser. Il nous reste à faire disparaître la contradiction apparente que les textes semblent révéler sur ce point. Dans l'hypothèse d'une vente sous condition suspensive, quand la condition se réalise, l'*actio empti*, que l'acheteur peut désormais exercer, tend à lui faire avoir une chose dont il n'a pas encore été propriétaire; elle ne tend pas à une restitution proprement dite. Dans l'hypothèse d'une vente pure et simple mais résoluble sous condition, lorsque la condition vient à s'accomplir, l'*actio venditi*, l'*actio præscriptis verbis* ou la *rei vindicatio*, n'importe laquelle, est une action restitutoire, en ce sens qu'elle a pour but de faire recouvrer au vendeur la propriété d'une chose qui déjà lui a appartenu. Or, il était admis que ces sortes d'actions, même quand elles étaient *stricti juris* comme les *condictiones*, et à plus forte raison, quand elles étaient *bonæ fidei* comme l'action *venditi* et l'action *præscriptis verbis*, ou arbitraire comme la *rei vindicatio*, obligeaient le défenseur à rendre les fruits qu'il avait perçus depuis sa mise en possession; autrement on n'aurait pu considérer la restitution comme complète (L. XXXVIII, § 1, 2, 4 et 6, *de usuris et fruct.*; L. LXXIII, § 1, *de reg. jur.*; L. XV, pr. LXV, § 5, *de cond. indeb.*).

Quoi qu'il en soit, les fruits à restituer doivent

l'être non pas au *novus emptor*, mais au vendeur lui-même. La remarque que nous faisons ici est exprimée dans la loi VI, *h. t.*

La restitution des fruits avait fait naître certaines difficultés dans l'hypothèse où l'enchère du *novus emptor* avait été égalée par une enchère que le *prior emptor* avait faite comme il en avait le droit. La question s'était alors présentée de savoir ce que devenaient les fruits perçus par le *prior emptor* dans l'intervalle qui s'était écoulé entre l'enchère du *novus emptor* et la sienne propre : devait-il les restituer au vendeur ou bien pouvait-il les garder? D'une part, on pouvait dire que la vente primitive ayant été résolue par suite de l'*adjectio* du *novus emptor*, l'acheteur primitif s'était désormais trouvé sans titre pour percevoir les fruits. D'autre part, on pouvait répondre qu'en faisant au vendeur des propositions égales à celles du second acheteur, le *prior emptor* avait fait évanouir la condition résolutoire de la première vente, et que dès lors il devait garder les fruits dont il s'agit. La première de ces deux opinions avait prévalu parmi les jurisconsultes, qui l'avaient toutefois subordonnée à l'intention des parties, lorsque cette intention pouvait être reconnue (L. VI, § 1, *h. t.*, et L. L. *de jure fisci*).

L'acheteur doit restituer au vendeur non-seulement les fruits, mais encore tous les avantages que la chose a pu lui procurer. Que si, par exemple, il a, pendant l'intervalle et en vertu de l'intérêt qu'il pouvait y avoir, acquis l'interdit *quod vi aut clam*, il sera obligé de tenir compte au vendeur de l'indemnité que l'exercice de cet interdit aura pu lui procurer, et de lui céder cet interdit lui-même s'il ne l'a pas encore exercé (L. VI, § 4, *h. t.*).

A l'égard de la perte totale de la chose vendue, la question de savoir si l'*in diem addictio* la mettra rétroactivement à la charge du vendeur ne peut pas se présenter. Nul en effet ne viendra désormais acheter une chose qui n'existe plus, et en conséquence la réalisation de la condition résolutoire est impossible (L. III, *de in diem add.*).

Mais il n'en est pas de même de la perte partielle. Malgré la détérioration subie par la chose, il peut se faire qu'un nouvel acheteur vienne pourtant offrir au vendeur des conditions meilleures. En ce cas, il est évident que c'est lui qui supportera la détérioration, puisqu'il consent à payer un prix supérieur d'une chose qui n'a plus sa valeur d'autrefois.

Tous les effets que nous venons de décrire regardent 'acheteur. Il nous reste maintenant à examiner si l'*in diem addictio* ne peut pas produire d'effet à l'égard du vendeur et à l'égard du *novus emptor*.

A l'égard du vendeur, l'accomplissement de l'*in diem addictio* lui impose l'obligation de restituer le prix et les intérêts du prix.

A l'égard du second acheteur, l'*in diem addictio* n'établit aucune espèce de rapports entre lui et le premier acheteur. Celui-ci, pour obtenir les restitutions qui lui sont dues, devra nécessairement exercer l'*actio venditi* contre son vendeur. Pour qu'il puisse agir contre le *novus emptor*, il faudra que le vendeur le lui délègue, au moyen d'une novation par changement de débiteur; c'est l'hypothèse prévue par la loi XX, *h. t.* Dans ce cas, le *prior emptor* agira contre le second par l'*actio ex stipulatu.* On peut encore supposer que le vendeur constitue l'acheteur primitif *procurator in rem suam* pour exercer contre le deuxième acheteur l'*actio venditi.*

DEUXIÈME PARTIE

DE LA LEX COMMISSORIA.

Nous suivrons la même marche que pour l'*in diem addictio*, en examinant : 1° quels sont les caractères généraux de la *lex commissoria;* 2° comment elle s'accomplit; 3° comment elle vient à défaillir; et 4° quels en sont les effets.

CHAPITRE I.

Caractères généraux de la *lex commissoria.*

La tradition, pour transférer la propriété, devait être faite en vertu d'une *justa causa*, c'est-à-dire en vertu d'un fait juridique indiquant de la part de celui qui livrait l'intention de transférer la propriété. En règle générale, la vente n'était pas à elle seule indicative d'une pareille intention. On partait de l'idée que le vendeur, même en livrant la chose, n'avait pas voulu se dessaisir de la propriété si l'acheteur ne lui payait pas le prix. Néanmoins, lorsque le vendeur avait suivi la foi de l'acheteur en lui accordant un terme, ou bien lorsqu'il en avait accepté un expromissor, un fidéjusseur ou un gage, le payement du prix n'était pas exigé, et la tradition faite en vertu de la vente était par elle-même translative de propriété (§ 41, aux *Inst., de divisione rerum*).

Toutes les fois que l'on se trouvait dans l'hypothèse de la règle générale, si l'acheteur ne payait pas le prix, le vendeur avait contre lui deux actions, l'une personnelle, l'action *venditi*, et l'autre réelle, la *rei vindicatio*, entre lesquelles il avait à choisir. En vertu de la première, il pouvait demander l'exécution du contrat lorsque le marché était avantageux pour lui; mais il courait le risque de venir se heurter contre l'insolvabilité de l'acheteur, et de subir, comme les autres créanciers de ce dernier, une réduction proportionnelle de sa créance. En vertu de la seconde, il faisait valoir le droit de propriété qu'il avait conservé sur la chose. Et à supposer que l'acheteur refusât d'obéir à l'*arbitrium judicis* et de restituer l'objet vendu, à supposer, comme le prétendent certains interprètes, qu'il ne pût y être contraint *manu militari*, le demandeur avait, pour faire exécuter la condamnation pécuniaire, un droit de préférence sur la chose, objet de la vente.

Mais cette revendication laissait subsister le contrat. D'où il résultait que l'acheteur pouvait, quand il était disposé à payer le prix, exercer contre le vendeur l'*actio ex empto*, pour le forcer à lui livrer la chose. En d'autres termes, par la *rei vindicatio*, les parties étaient remises dans la même situation qu'après la vente et antérieurement à la tradition.

Dans les cas exceptionnels où la livraison avait rendu l'acheteur propriétaire, la *rei vindicatio* n'étant plus possible, le vendeur en était réduit à une action purement personnelle, l'action *venditi*, pour se faire payer le prix.

Ainsi, dans aucune des hypothèses qui précèdent, les Romains n'avaient admis l'idée d'une condition résolutoire tacite pour le cas où l'une des parties manquerait à ses engagements. Si le vendeur voulait se ménager la résolution du contrat, il devait se réserver la faculté de la demander, au moyen d'une clause expresse ajoutée *in continenti* à la vente. C'était cette clause qui portait le nom de *lex commissoria; lex*, c'est-à-dire pacte, loi du contrat; quant au mot *commissoria*, les interprètes ne sont pas d'accord sur son étymologie. Cujas a dit qu'il venait de ce qu'en refusant de payer le prix au terme convenu, l'acheteur *committit in universam venditionem*. Doneau et Voët ont enseigné qu'il servait à exprimer l'idée d'une faculté laissée au vendeur, d'une option à faire par lui entre la résolution et l'exécution du marché, comme qui dirait que le *sort de la vente est abandonné à la discrétion du vendeur.* Nous pensons que la dénomination dont il s'agit a le même sens que le mot *committitur* que l'on lit si souvent dans les textes à propos de la stipulation, quand il est dit *stipulatio committitur,* pour exprimer que la stipulation produit son effet, que l'*actio ex stipulatu* est ouverte. C'est ainsi que, dans les cas où une obligation principale a été fortifiée par une clause pénale au moyen d'une stipulation, les jurisconsultes disent *stipulatio committitur,* en d'autres termes, que la clause pénale est encourue. Le pacte dont nous nous occupons présente, à ce point de vue, la plus grande analogie avec la clause pénale : la résolution de la vente est encourue par suite du non payement du prix au terme fixé. Si cette résolution avait été *stipulée,* on avait dit *stipulatio committitur;* comme elle a été convenue par simple pacte, on aurait pu dire *lex committitur,* d'où *lex commissoria.*

Quoi qu'il en soit, cette discussion n'a aucune espèce d'intérêt juridique, et en conséquence il est inutile d'y insister.

Nos anciens auteurs ont recherché si la *lex commissoria* pouvait être une condition suspensive de la vente, de la manière suivante : « Fundus ille « tibi sit emptus si intra sex menses pretium sol-

« veris. » Efforts sans résultat : les textes ne nous fournissent à cet égard aucune base d'où l'on puisse induire que les jurisconsultes romains eussent en effet envisagé la *lex commissoria* sous cet aspect. Tous les fragments que nous aurons l'occasion de citer se placent dans l'hypothèse d'une vente pure et simple résoluble sous la condition que l'acheteur ne paiera pas le prix au terme convenu. C'est en vain qu'on a invoqué la loi XXXVIII, § 2, *ad leg. Falc.*, ainsi conçue : « Cujus ususfructus « alienus est in dominio proprietatis connumera- « tur : pignori dati in debitoris : sub lege commis- « soria distracti, item ad diem addicti in vendito- « ris. » Dans cette loi, le jurisconsulte Hermogé- nien examine comment il faut composer la masse héréditaire pour le calcul de la quarte Falcidie, et cela dans certaines hypothèses particulières. Voilà, par exemple, un nu-propriétaire, un débiteur, un vendeur, qui sont morts, laissant un héritier à la charge duquel ils ont mis des legs dont l'existence soulève la question de savoir s'ils doivent subir la réduction ordonnée par la loi Falcidie. Faudra-t-il, dans le calcul de la masse, faire entrer l'usufruit, le gage, qui est encore entre les mains du créancier, le fonds qui a été vendu *sub in diem addictione* ou *sub lege commissoria* ? Le jurisconsulte se prononce pour l'affirmative dans tous ces cas. Certains commenta- teurs en ont conclu que dans l'hypothèse particu- lière de la *lex commissoria*, cette condition avait affecté la forme suspensive; autrement, ont-ils dit, l'acheteur serait actuellement propriétaire, et il n'y aurait pas lieu de comprendre dans la masse des biens laissés par le vendeur l'objet dont il s'agit. C'est là une supposition tout à fait gratuite; la décision d'Hermogénien s'explique tout aussi naturellement en supposant que la *lex commissoria* affecte la forme résolutoire. Sans doute, actuellement, la chose vendue n'appartient pas à l'hérédité, mais celle-ci a une action pour la recouvrer; et il est de règle que « *is qui actionem habet ad rem recuperan-* « *dam ipsam rem habere videtur* » (L. XV, *de reg. jur.*; CXLIII *de Verb. sign.*; et LII, *de adq. rer. dom.*).

L'objection précédente étant ainsi écartée, nous invoquons, dans notre sens, spécialement la loi II, § 3, *pro emptore:* « Sabinus, si sic empta sit, ut, nisi « *pecunia intra diem certum soluta esset inempta* « *res fieret, non usucapturum, nisi persoluta pe-* « *cunia : sed videamus, utrum conditio sit hoc an* « *conventio? si conventio est, magis resolvetur,* « *quam implebitur.* » L'hypothèse est celle-ci : une chose a été achetée sous la condition que l'achat serait considéré comme n'ayant pas eu lieu si le prix n'était pas payé dans un certain délai. D'après cet énoncé, il est facile de voir que l'hypothèse prévue par le jurisconsulte est celle d'une vente résoluble sous condition, les mots : « *si sic empta sit* « *ut in empta res fieret,* » révèlent évidemment cette idée. Eh bien, dans ce cas, Sabinus avait exprimé cette opinion particulière, que l'acheteur, mis en possession, ne pouvait pas *usucaper pro emptore* avant d'avoir payé le prix; Paul le reprend sur ce dernier point, en disant que Sabinus aurait raison, si la vente faite *sub lege commissoria* était une vente sous condition suspensive. Mais, comme c'est une vente parfaite, *hic et nunc*, comme seulement elle est résoluble sous condition, l'*usucapio pro emptore* peut commencer immédiatement. Il ne faut pas considérer les expressions, *sed videamus utrum si conventio est*, comme une forme dubitative, dont Paul revêtirait sa pensée, mais plutôt comme l'énoncé d'une règle non contestée. Le mot *videamus* dans les textes des jurisconsultes n'exprime pas un doute, mais plutôt une affirmation.

Il faut en dire autant de la loi I, *h. t.*, dans laquelle il est dit : « Si fundus commissoria lege ve- « nierit, magis est ut sub conditione resolvi emp- « tio quam sub conditione contrahi videatur. » Le mot *magis est* mérite la même observation que le *videamus* de Paul. Le texte d'Ulpien, que nous venons de citer, est d'autant plus remarquable qu'on le rapproche de la loi II, *de in diem add.* : Ulpien prend soin de dire expressément que l'*in diem addictio* est tantôt une condition suspensive, tantôt une condition résolutoire, et que cela dépend de l'intention des parties. Il serait fort étrange que, s'il en eût été de même de la *lex commissoria*, Ulpien n'eût pas signalé ce point. Au surplus, cette différence entre l'*in diem addictio* et la clause dont nous nous occupons actuellement se conçoit aisément : que la vente *sub in diem additione* ait été faite sous condition suspensive ou résolutoire, la condition n'est laissée au caprice ni de l'un ni de l'autre des parties, et chacune d'elles est liée vis-à-vis de l'autre, dans le premier cas conditionnellement, et dans le second cas purement et simplement, jusqu'à ce que le contrat soit résilié. Au contraire, les contractants ayant dit : « Fundus ille sit emptus « si intra certum diem pretium solutum sit, » l'une des parties serait complétement à la discrétion de l'autre ; et, comme d'un autre côté, l'on ne peut reconnaître le caractère d'une vente à un marché dans lequel il n'y a pas de lien de droit à la charge de ceux qui l'ont conclu, ce marché ne saurait constituer qu'un simple pacte absolument dénué d'action.

CHAPITRE II.

Comment s'accomplit la lex commissoria ?

Deux hypothèses sont à distinguer, suivant que la *lex commissoria* ne contient pas de fixation de délai, ou qu'elle renferme un terme précis dans lequel elle doit s'accomplir.

Lorsqu'il n'y a pas de délai déterminé pour la réalisation de la *lex commissoria*, la question s'élève de savoir à quelle époque cette clause est encourue. Bien que les commentateurs aient varié sur ce point, nous pensons qu'il n'y avait pas matière à controverse. Nous avons déjà eu occasion de remarquer que la *lex commissoria* avait certains points de ressemblance avec la clause pénale; cette remarque est justifiée par la loi XXIII, *de Obl. et Act.*, qui résout formellement la question que nous avons posée : il s'agit là de deux plaideurs qui ont passé un compromis, en vertu duquel ils ont porté leur différend devant un arbitre. Cet arbitre a rendu une sentence sans dire dans quel délai elle devrait être exécutée. Le jurisconsulte se demande à quel moment est encourue la clause pénale dont les parties ont fortifié leur compromis. Il décide qu'il faudra laisser à celui contre lequel le jugement a été rendu un délai moral suffisant, *modicum tempus;* et il a soin d'étendre la solution qu'il donne à la *lex commissoria.* Dès le moment, en effet, qu'il n'y a pas de fixation de terme, on ne peut plus dire avec les commentateurs, *dies interpellat pro homine,* d'où il suit qu'on entre dans les règles ordinaires de la *mora.* Et, comme il y a là une question de fait plutôt que de droit, le juge devant lequel sera portée l'action en reprise de la chose examinera si l'acheteur a eu, pour payer le prix, ce *modicum tempus* dont nous venons de parler. Ainsi tombent à la fois, et l'opinion de Cujas suivant laquelle l'acheteur pourrait payer jusqu'au moment de la *litis contestatio*, et l'opinion encore plus arbitraire de Voët qui donnait à l'acheteur un délai de soixante jours, étendant sans aucune espèce de raison à la *lex commissoria* les règles de l'action rédhibitoire,

Mais, supposons maintenant le cas le plus ordinaire en pratique, celui dans lequel la *lex commissoria* contient un délai fixe.

En thèse générale, le débiteur, dans le droit romain, n'était pas constitué en demeure *ipso facto*, et par la seule expiration du terme; le juge devait à cet égard examiner les circonstances, et si elles excusaient le débiteur, ce dernier n'était pas soumis aux conséquences de la *mora*. Cette règle générale recevait exception dans le cas où l'obligation à terme avait été accompagnée d'une clause pénale, par exemple, de la manière suivante : « Promittis-« ne te hominem Stichum mihi intra sex menses « daturum, et si non dederis decem mihi dare « spondes ? » En pareille hypothèse, lorsque le délai qui suspendait l'exécution de la stipulation principale était expiré, la clause pénale était par cela même encourue. Cette dérogation tenait à la forme rigoureuse de la stipulation. Il y avait en effet deux stipulations : l'une pure et simple, c'était la principale; l'autre conditionnelle, c'était la clause pénale, la condition consistant dans l'inexécution de la première. Cette condition était réalisée par cela seul que la stipulation principale n'avait pas été exécutée, et, par conséquent, on pouvait dire de la stipulation accessoire, *stipulatio committitur*. Devait-on étendre la même théorie exceptionnelle à la *lex commissoria*; cela pouvait faire doute, car la *lex commissoria* est, à titre de pacte ajouté à la vente, affranchie de la forme sévère de la stipulation. C'est probablement là ce qui avait préoccupé Marcellus ainsi que le révèle le L. IV, § 4, *h. t.* « Marcellus, libro XX, dubitat commis-« soria utrum tunc locum habet si interpellatus « non solvat an vero si non obtulerit. » Néanmoins, l'analogie que la *lex commissoria* présentait avec la clause pénale avait amené les jurisconsultes à ne pas s'arrêter à de semblables scrupules, et Ulpien, après avoir rapporté les hésitations de Marcellus, ajoutait : « Et magis arbitror afferre « eum debere si vult se legis commissoriæ potestate « solvere. » L'explication que nous donnons est toute simple et conforme aux règles élémentaires du droit romain. C'est ce que n'a pas compris Antoine Favre, quand il a dit que si l'expiration du terme tenait lieu d'interpellation, cela dépendait de la déchéance que le vendeur aurait encourue s'il avait mis l'acheteur en demeure de payer le prix. Il est bien vrai que le vendeur avait le choix entre la reprise de la chose et le payement du prix, et qu'une fois son option exercée, il ne pouvait plus varier; mais ce n'était pas une simple interpellation adressée à l'acheteur, pour lui réclamer l'exécution du contrat, qui pouvait ainsi faire perdre au vendeur le bénéfice de la *lex commissoria*. Pour être déchu du droit que lui donnait le pacte, il fallait qu'il eût exercé une action, à savoir l'*actio venditi*, et réclamé en cette forme le payement du prix.

Les textes qui parlent de cette déchéance subie par le vendeur, par cela seul qu'il agit, se servent du mot *petere;* dans le langage des jurisconsultes, ce mot indique non pas une simple *interpellatio*, mais une action exercée (L. VII, *h. t.*). Si c'eût été la sommation qui eût fait perdre au vendeur la *lex commissoria*, les scrupules de Marcellus sur la demeure de l'acheteur par le seul effet de l'expiration du terme ne se concevraient pas : comment est-il possible de supposer que Marcellus eût hésité sur la question s'il avait été admis que le vendeur était déchu, par cela même qu'il avait adressé une sommation à l'acheteur?

L'expiration du délai met-elle en demeure non-seulement l'acheteur, mais encore le vendeur, en d'autres termes, quand le délai se trouve expiré, le vendeur doit-il se hâter de faire son choix entre la réclamation du prix et la reprise de la chose, et, tant qu'il ne l'a pas fait, l'acheteur peut-il, en payant, se soustraire à la *lex commissoria?*

L'affirmative a été soutenue et déduite de la L. IV, § 2, *hoc tit.* : « Eleganter Papinianus, libro

« tertio responsorum scribit, statim, atque com-
« missa lex est, statuere venditorem debere utrum
« commissoriam velit exercere an potius pretium
« petere. »

On s'est fondé sur le mot *statim* pour prétendre
que l'acheteur pouvait purger sa demeure en offrant
le prix tant que le vendeur ne s'est pas déterminé
pour un parti quelconque. Mais cette interprétation est tout à fait inadmissible : Papinien, dans
ce fragment, ne s'occupe pas le moins du monde de
la *moræ purgatio ;* il veut dire qu'une fois le terme
venu, l'acheteur, qui se trouve désormais soumis à
deux actions, l'une en payement du prix, l'autre en
reprise de la chose, et qui, par suite, est dans un
état d'incertitude dont il a intérêt à sortir, peut
contraindre le vendeur à se prononcer d'une manière définitive.

Certains interprètes, en donnant à l'acheteur la
faculté de purger sa demeure, restreignent cependant cette faculté pendant dix jours à compter de
l'expiration du délai déterminé dans la *lex commissoria.* Pendant ces dix jours, le vendeur a dans ce
système le droit de réfléchir sur ce qu'il veut faire,
et cette faculté ne peut lui être enlevée par des
offres de payement faites par l'acheteur. Mais lorsqu'on se demande comment ces interprètes se sont
crus autorisés à établir ce terme de dix jours, on
est tout étonné de les voir se fonder sur la loi XXI,
§ 1, *de pecunia constituta :* « Si sine die constituas,

« potest quidem dici te non teneri, licet verba
« edicti late pateant; alioquin et confestim agi te-
« cum poterit, si statim, ut constituisti, non sol-
« vas; sed modicum tempus statuendum est, non
« minus decem dierum, ut exactio celebretur. »
Il s'agit dans cette loi du pacte du constitut; ce
pacte, comme on sait, est celui en vertu duquel le
débiteur, ou un tiers pour lui, promet de payer à
jour fixe. De cette définition même, il résulte que
le terme est de l'essence du constitut d'où, rigoureusement parlant et malgré les expressions larges
de l'édit, on aurait pu conclure que le constitut
sans terme était frappé de nullité; mais Paul écarte
cette conséquence rigoureuse en sous-entendant
un délai tacite de dix jours. Nous ne voyons pas en
quoi une pareille décision peut être, par voie d'analogie, étendue à la question qui nous occupe.

Mais peut-être, à défaut de textes spéciaux sur la
matière, les principes généraux du droit doivent-ils
nous conduire à penser qu'il y avait possibilité pour
l'acheteur de purger sa demeure? C'est ce que prétendaient ceux qui soutenaient cette opinion; ils
invoquent la loi LXXIII, § 2, *de verb. obl.* : « Stichi
« promissor, post moram offerendo purgat mo-
« ram : certe enim doli mali exceptio nocebit ei,
« qui pecuniam oblatam accipere noluit. » Dans
ce texte, il s'agit d'une stipulation ayant pour objet
un corps certain et déterminé; le promettant a été
constitué en demeure, mais ensuite il est venu

offrir au stipulant la chose promise, Paul décide
qu'il y a *moræ purgatio;* mais en quel sens? C'est au
point de vue des risques ultérieurs qui peuvent
causer la perte de l'objet promis. Ces risques doivent être supportés par le créancier comme s'il n'y
avait pas eu de *mora.* Sans doute, la loi s'exprime
en termes généraux et il n'est pas question de la
perte de la chose, mais il faut le sous-entendre, car
la portée du fragment est précisée par d'autres lois.
Il l'est notamment par la loi LXXI, § 3, *de verb. obl.*
Les anciens jurisconsultes avaient fait passer dans
la jurisprudence cette règle générale que l'obligation du débiteur se trouve perpétuée par sa faute;
les jurisconsultes de date plus récente s'étaient demandé comment il fallait entendre cette règle :
« Sequitur videre de eo quod veteres constituerunt
« quoties culpa intervenit debitoris perpetuari obli-
« gationem quemadmodum intelligendum sit. »

A cet égard ils établirent des distinctions tirées
de la nature de la faute : le promettant s'est-il mis
dans l'impossibilité d'exécuter l'obligation, par
exemple, en anéantissant la chose promise, la règle
s'applique d'une manière absolue ; « Equidem si
« effecerit promissor, quominus solvere possit,
« expeditum intellectum habet constitutio. » Mais
la faute consiste-t-elle purement et simplement dans
la *mora,* il faudra distinguer : si la *mora* n'a pas été
purgée, le débiteur sera responsable de la perte,
même fortuite, survenue à une époque ultérieure;

mais si le débiteur a tenté une *moræ purgatio* par des offres postérieures, la demeure primitive devait-elle être considérée comme non avenue? Sur ce point, des hésitations s'étaient produites : « Si « vero moratus sit tantum, hæsitatur an, si postea « in mora non fuerit, extinguatur posterior « mora. » Celsus le Jeune s'était prononcé dans le sens de l'affirmative; il fallait, disait-il, laisser de côté la rigueur du droit, dont l'application sévère conduirait quelquefois à des injustices, et prendre pour guide l'équité : « Et Celsus adolescens scribit « eum qui moram fecit in solvendo Sticho quem « promiserat, posse emendare eam moram postea « offerendo : esse enim hanc quæstionem de bono « et æquo : in quo genere plerumque sub auctori- « tate juris scientiæ perniciose (inquit) erratur. »

Cette opinion de Celsus avait fini par triompher; elle avait été suivie par Julien, et à la raison d'équité donnée par Celsus était venu se joindre le motif tiré de la règle *in pari causa melior est causa possidentis.* C'est le débiteur qui a commencé par être constitué en demeure; ensuite le créancier l'a été à son tour. Sous ce rapport ils sont tous les deux dans une situation identique; et lorsqu'il s'agit de savoir par qui doit être supportée la perte ultérieurement survenue, il faut donner la préférence plutôt au défenseur qu'au demandeur : « Et sane pro- « babilis hæc sententia est quam quidem et Julianus « sequitur : nam dum quæritur de damno et par

« utriusque causa sit, quare non potentior sit qui
« teneat quam qui persequitur. »

Ainsi, les lois qui précèdent disent bien que le
débiteur d'un corps certain peut purger sa demeure
pour faire retomber sur le créancier les risques qui
peuvent survenir; mais peut-il la purger pour
éviter soit la clause pénale, soit la *lex commissoria?*
En ce qui touche la clause pénale, le même Celse,
dont il a été question précédemment, s'était bien
gardé d'appliquer sa théorie sur la *moræ purgatio :*
« Celsus ait si arbiter intra kalendas septembris
« dare jusserit, nec datum erit, licet postea offera-
« tur, attamen semel commissam pœnam compro-
« missi non evanescere : quoniam semper verum
« est intra kalendas datum non esse. » (L. XXIII,
princ. de receptis.) En ce qui touche la *lex commis-*
soria, nous n'en sommes pas réduits à un argument
d'analogie tiré de la ressemblance de ce pacte avec
la clause pénale. Africain nous dit positivement :
« Hoc idem dicendum, et quum quid ea lege ve-
« nierit ut nisi ad diem pretium solutum fuerit,
« inempta res fiat. » (L. XXIII, *de obl. et act.*)

Tenons donc pour certain que la *lex commissoria,*
une fois encourue par l'acheteur, pour défaut de
payement dans le terme convenu, est définitive, et
que la *moræ purgatio* ne saurait ici recevoir son
application. « *Finita est emptio,* » dit Ulpien dans
la loi IV, *h. t.,*

Ce caractère définitif de la déchéance pouvait

être opposé même aux mineurs de vingt-cinq ans, toutes les fois qu'il venait du chef d'un majeur qui avait vendu, lorsque le terme fatal expirait après la mort de leur auteur et en leur personne. Mais il n'y avait là rien de spécial, car il était de règle que les mineurs de vingt-cinq ans ne pouvaient obtenir la *restitutio* contre les obligations des personnes dont ils étaient les héritiers. La loi **XXXVIII** *de moribus*, qui accorde à un mineur de vingt-cinq ans, dans l'hypothèse dont nous nous occupons, l'*in integrum restitutio* contre la *lex commissoria*, renferme une décision de faveur et qui s'explique par les circonstances particulières de la cause soumise à l'examen de l'empereur Antonin.

CHAPITRE III.

Comment la lex commissoria fait-elle défaut ?

La *lex commissoria* est défaillie et la vente devient irrévocable : 1° lorsque le vendeur a intenté l'action *venditi* pour réclamer le prix ; 2° lorsque le non payement du prix est justifié par une injonction adressée à l'acheteur d'avoir à se libérer entre les mains d'un créancier du vendeur ; 3° lorsque c'est le vendeur qui a mis obstacle au payement du prix.

Reprenons successivement chacune de ces circonstances.

1° Le vendeur est déchu de la *lex commissoria* lorsqu'il a exercé l'*actio venditi* pour réclamer
le prix. Nous avons déjà eu l'occasion de dire
qu'au terme convenu pour le payement du prix le
vendeur avait à opter entre ce payement et la
reprise de la chose, et qu'il ne pouvait plus
revenir sur ses pas, une fois qu'il avait agi dans
un sens ou dans l'autre. Comment expliquer
cette impossibilité de varier dans l'option une
fois exercée? Voici la conjecture que nous hasar-
dons sur ce point : Avant le règne d'Auguste,
le vendeur exerçait toujours l'*actio venditi*, soit
qu'il réclamât le prix, soit qu'il voulût reprendre la chose. Or, l'*actio venditi* déduisait *in judicium* toutes les questions qui se rattachaient à
la vente; de telle sorte que si, renonçant au but
qu'il s'était tout d'abord proposé, il voulait agir
pour en poursuivre un autre, il eût été repoussé
par l'*exceptio rei in judicium deductæ*. Cette règle
dut continuer à subsister, quoique des actions
différentes, telles que l'action *præscriptis verbis* ou
la *rei vindicatio* eussent été introduites pour permettre au vendeur de reprendre la chose. Sans
doute, l'*exception rei in judicium deductæ* aurait
pu peut-être disparaître devant une *præscriptio*.
Mais, d'une part, les textes ne font pas mention

d'une *præscriptio* destinée à un semblable usage;
d'autre part, si un pareil moyen de paralyser les
effets de la *deductio in judicium* avait existé pour
le vendeur, il l'aurait toujours employé; en pratique, la règle que le vendeur ne peut plus varier n'aurait guère été appliquée, et elle ne serait pas énoncée dans les textes d'une manière
aussi absolue.

2° Il ne faut pas qu'un créancier du vendeur
soit venu défendre à l'acheteur de payer entre
les mains du vendeur; en d'autres termes, il ne
faut pas, comme nous dirions aujourd'hui, qu'un
créancier du vendeur ait pratiqué entre les mains
de l'acheteur une saisie-arrêt. Ce principe est expliqué dans la loi VIII, *h. t.*, à l'occasion de
l'espèce que voici : Une femme vend des héritages à Gaius Seius, arrhes données par ce dernier, et clause portant que la vente sera résolue
et les arrhes perdues si tout le prix n'est pas
payé à jour fixe. Au jour convenu, l'acheteur
met la somme qu'il doit dans un sac, sur lequel
il a la précaution de faire apposer le cachet de
personnes qu'il prend à témoin. Ainsi disposé
à exécuter son engagement, il se présente chez
la venderesse, et fait constater l'absence de cette
dernière; plus tard, l'acheteur reçoit du fisc
créancier de la femme défense de payer entre
les mains de celle-ci. Scevola décide que la femme

ne pourra reprendre les fonds vendus, et que le *lex commissoria* n'est pas encourue pour l'acheteur.

3° Il ne faut pas que ce soit une faute du vendeur qui vienne mettre obstacle au payement du prix : il y aura faute du vendeur dans un grand nombre de circonstances. Si, par exemple, il refuse lui-même de remplir les engagements qu'il a contractés vis-à-vis de l'acheteur, il l'autorise par cela même à suspendre le payement du prix et ne peut invoquer la *lex commissoria*. Cela résulte de la loi X, § 1, *de rescind. vend.* : Des immeubles ont été vendus, l'acheteur paye une portion du prix, et garde l'autre jusqu'à ce que le vendeur lui ait donné un fidejusseur à raison d'une menace d'éviction de la part de *Numeria* et de *Sempronia ;* il est dit dans une clause du contrat que la vente sera résolue si la portion du prix qui reste due n'est pas payée dans un certain délai. Dans l'intervalle, le vendeur écarte les prétentions de *Numeria* et de *Sempronia*, en triomphant de l'une d'elles dans un procès et en transigeant avec l'autre. Il se croit désormais dispensé de fournir un fidéjusseur à l'acheteur ; celui-ci n'exécute pas son obligation dans le délai fixé, et la question se présente de savoir si la *lex commissoria* peut lui être appliquée. Il se défend en disant que le vendeur n'a pas rempli les conditions du contrat, puisqu'un fidéjusseur n'est pas intervenu; le vendeur soutient, au contraire, que l'obligation de fournir un fidéjusseur a cessé d'exister, puisqu'il a fait cesser le trouble qui pourrait venir de *Numeria* et de *Sempronia*. Cette question est purement de fait; le vendeur a-t-il entendu garantir l'acheteur contre la prétention de *Numeria* et de *Sempronia* seulement, ou a-t-il voulu le mettre à l'abri de toutes les évictions qu'un tiers quelconque pourrait lui faire subir? Le jurisconsulte, interprétant le contrat dont il s'agissait dans l'espèce, se prononce dans ce dernier sens, et décide que le vendeur n'ayant pas rempli ses engagements, l'acheteur est excusable de n'avoir pas rempli le sien.

Il en sera de même si le vendeur a injustement refusé de recevoir le prix, ou si, par son absence, il a mis l'acheteur dans l'impossibilité d'effectuer le payement. Il faut remarquer, toutefois, que si le vendeur vient, à une époque ultérieure, adresser une réclamation à l'acheteur, celui-ci s'exposera de nouveau à subir la *lex commissoria* s'il ne donne pas satisfaction à cette demande ; et il ne saurait se retrancher, pour éviter ce résultat fâcheux, derrière les obstacles que le vendeur lui avait primitivement suscités. Il serait, néanmoins, excusé, même dans cette hypothèse, si le vendeur avait d'abord entravé le payement du prix, pour se donner ensuite le malin plaisir de réclamer payement à une époque où il saurait que l'acheteur ne pourra pas le payer (L. 11, *de actione empti*).

Mais pour éviter la résolution de la vente, l'acheteur doit-il, non-seulement faire des offres sérieuses au vendeur, mais encore consigner la somme? Ou bien les offres sont-elles suffisantes? C'est la dernière opinion qui doit être suivie ; elle résulte de la loi VIII, *h. t.*, dont nous avons déjà donné l'analyse. Les mots de cette loi : « Sacculum « cum pecunia signatorum signis obsignarit, » signifient, non que dans l'espèce prévue l'acheteur a fait la consignation, mais qu'il a fait apposer, sur le sac renfermant l'argent, le cachet des personnes dont il avait invoqué le témoignage. De plus, la question même posée par le jurisconsulte prouve que, postérieurement aux offres qu'il a voulu faire, l'acheteur a gardé le prix entre ses mains. Si, en effet, il en avait opéré la consignation, sa libération définitive n'aurait plus présenté aucune espèce de doute, et l'on ne concevrait pas que le fisc lui eût fait défense d'avoir à se libérer entre les mains du vendeur. En vain opposerait-on la loi VII au C. *de factis emptorum et venditorum ;* sans doute, dans ce rescrit de Dioclétien et de Maximien, il s'agit d'une consignation ; mais il faut remarquer que dans cette constitution il est question du pacte *de retro-vendendo.* Or, ce pacte n'était pas, dans le droit romain, considéré comme condition résolutoire de la vente, ainsi que l'*in diem addictio* et la *lex commissoria;* c'était une promesse de revente, et lorsqu'avant l'expiration du terme convenu cette promesse était mise à exécution, il y avait là une vente nouvelle dans laquelle les rôles étaient intervertis, le vendeur primitif devenant acheteur et *vice versa.* Lors donc que ce vendeur venait offrir à l'acheteur le prix qu'il en avait lui-même reçu en réclamant la livraison de la chose, c'était un véritable payement qu'il effectuait, et non une condition qu'il venait accomplir. Lors donc que l'acheteur refusait de recevoir, il y avait lieu d'appliquer la règle ordinaire sur les offres réelles et la consignation ; mais on ne saurait tirer de là aucune analogie dans le sujet qui nous occupe : la *lex commissoria* est une condition suspensive de la résolution du contrat; quand l'acheteur paye le prix de la vente avant d'avoir encouru déchéance, il cherche à faire défaillir une condition insérée dans la vente contre lui, et de même que le débiteur, qui, par son fait, met obstacle à l'accomplissement de la condition, est tenu comme si la condition s'était réalisée, de même, le vendeur qui, par son fait, met obstacle à la défaillance d'une condition dont l'accomplissement lui serait favorable, doit être traité comme si la condition était réellement défaillie.

CHAPITRE IV.

Effets de la lex commissoria.

En ce qui touche les effets produits pendant l'intérim, nous n'avons rien de spécial à dire ; ils sont les mêmes que ceux produits par l'*in diem addictio*, lorsque cette clause a été envisagée par les parties comme condition suspensive de la résolution de la vente.

A l'égard des effets produits par la *lex commissoria*, quand elle vient à se réaliser, nous ajouterons encore peu de chose à ce que nous avons exposé au sujet de l'*in diem addictio*, surtout sur les points que les deux pactes ont de communs.

Et tout d'abord, la doctrine générale relativement à l'action que le vendeur devait exercer pour reprendre la chose, était la même pour la *lex commissoria* que pour l'*in diem addictio*. Seulement, nous remarquerons qu'Ulpien n'expose pas au sujet de la *lex commissoria* la théorie spéciale qu'il professait avec Marcellus sur l'*in diem addictio*. C'est là une chose d'autant plus remarquable que dans la loi IV, *h. t.*; il rapporte la controverse soulevée entre les Sabiniens et les Proculiens touchant l'action *venditi* et l'action *præscriptis verbis*, ainsi que le rescrit de Sévère et d'Antonin qui est venu trancher cette dissidence. Mais à défaut d'Ulpien, le jurisconsulte

Scevola parle de la revendication : « Quæsitum est
« an fundi non sint in ea causa ut a vinditrice
« vindicari debeant ex conventione debitori. »
(*Voy.* aussi du même Scevola la loi XXXI, *de pignor.
hyp.*) En nous occupant de l'*in diem addictio*, nous
avons avancé en thèse que l'opinion isolée de certains jurisconsultes n'avait été législativement con-
sacrée que sous Justinien; nous avons laissé de côté
deux rescrits de l'empereur Alexandre qui s'occu-
pent de la question dans l'hypothèse d'une vente *sub
lege commissoria*, et sur le sens desquels les interprètes ne sont pas d'accord. En apparence, on pourrait
soutenir que la loi IV au Code *de pactis inter emplo-
rem et venditorem* donnait au vendeur le *rei vindicatio* pour mettre en application la *lex commissaria*,
ce qui paraîtrait indiquer une décision législative
antérieurement à Justinien : « Commissoriæ ven-
« ditionis legem exercere non potest qui post præs-
« titutum solvendi diem non rei vindicationem
« eligere, sed usurarum pretii petitionem sequi
« maluit. » Il s'agit là d'un vendeur qui a exercé
l'action *venditi* pour réclamer les intérêts du prix;
le rescrit décide que celui-là ne peut plus reprendre la chose qui a laissé de côté la *rei vindicatio* pour
agir en payement des intérêts du prix. Toutefois ce
n'est là qu'une fausse apparence, car un rescrit du
même empereur Alexandre, qui forme la loi III du
même titre au Code, décide catégoriquement, que
celui qui a vendu un héritage, sous la condition

que le fonds lui ferait retour, si dans un certain délai l'acheteur ne payait pas le restant du prix dont il avait acquitté une partie, n'a pas pour reprendre la chose la *rei vindicatio*, mais l'action *ex vendito*, à supposer toutefois que la tradition n'ait pas été faite précairement : « Qui ea lege prædium « vendidit ut, nisi reliquum pretium intra certum « tempus restitutum esset ad eum reverteretur ; si « non precariam possessionem tradidit rei vindi- « cationem non habet, sed actionem ex vendito. » Les interprètes se sont épuisés en efforts pour concilier ces deux rescrits. Suivant les uns, la loi III se placerait dans l'hypothèse où la *lex commissaria* a été envisagée comme condition suspensive de la résolution de la vente, et la loi IV dans celle où elle l'a été comme condition suspensive de la perfection du contrat. C'est là une supposition tout à fait gratuite, rien dans les deux textes ne faisant allusion à une pareille distinction. Suivant d'autres, la loi III prévoirait le cas où la tradition n'aurait pas été faite à précaire, et la loi IV, le cas opposé. Cela est vrai de la loi III, mais dans la loi IV il n'y a rien de pareil. D'après une troisième opinion, le vendeur dont il s'agit dans la loi III ne pourrait pas exercer la *rei vindicatio*, parce que la *lex commissaria* a été conçue *obliquis verbis*, de cette manière : *fundus ad se reverteretur*. Au contraire, le vendeur dans la loi IV aurait la *rei vindicatio*, parce que la *lex commissaria* a été conçue *directis verbis* : « *nulla sit emptio, fundus sit inemptus.* » C'est là quelque chose de purement imaginaire et qui n'est jamais entré dans l'esprit des Romains. D'une part, la loi IV ne s'explique pas sur le point de savoir quels sont les termes dont se sont servies les parties ; d'autre part, nous ne voyons pas ce que les mots *fundus ad se revertetur* ont de moins direct que ceux *nulla sit emptio, fundus sit inemptus.* Toute conciliation entre les deux rescrits serait donc impossible, s'il ne restait la ressource de dire que les mots *rei vindicatio* dans la loi IV sont pris dans un sens impropre comme qui dirait reprise de la chose. C'est ainsi que les rédacteurs du Code Napoléon, dans l'art. 526, ont classé parmi les immeubles par l'objet auxquels ils s'appliquent les actions qui tendent à revendiquer un immeuble, ce qui comprend non-seulement les actions réelles, mais encore les actions personnelles immobilières.

Quant à la question de savoir si le vendeur rentré en possession peut pour *usucaper* invoquer la possession qu'il a eue antérieurement et la possession de l'acheteur, Africain fait une application spéciale à la *lex commissaria* de ce que nous avons dit au sujet de l'*in diem addictio* (L. VI, *de divers. temp. præsc.*).

Nous avons vu que l'acheteur *sub in diem addictione* devait restituer les fruits perçus pendant l'intervalle ; la loi V, *h. t.*, impose la même restitution à l'acheteur, *sub lege commissaria*. Le motif

est le même, en y ajoutant la raison spéciale donnée par Ariston, et tirée de la mauvaise foi de
l'acheteur.

A l'égard des risques, la question est facilement
tranchée, et la solution se déduit de la nature
même de la *lex commissoria.* Cette clause a été
introduite dans l'intérêt exclusif du vendeur, et
ne peut être rétorquée contre lui par l'acheteur;
en conséquence, soit qu'il s'agisse d'une perte totale, soit qu'il s'agisse d'une perte partielle, le
vendeur pourra exercer l'action *venditi,* pour demander le payement du prix (L. II, *h. t.*).

Tout ce qui précède se réfère aux effets de la
clause à l'égard de l'acheteur. Arrivons aux effets
de la clause à l'égard du vendeur. La question
ne présente pas le même caractère de simplicité
que lorsqu'il s'agit d'*in diem addictio.*

On se demande d'abord si le vendeur, en reprenant la chose, se soumet à l'obligation de restituer les arrhes. L'affirmative se soutient par deux
motifs : l'un fondé sur les textes, l'autre sur l'é-
quité. Le premier se déduit d'un certain nombre
de lois, qui toutes supposent une convention formelle pour autoriser le vendeur à garder les arrhes;
le second se déduit de ce que nul ne peut à tort
s'enrichir aux dépens d'autrui. A la raison de
texte, nous répondrons, d'une part, que les lois sur
lesquelles on se fonde statuent *de eo quod plerumque fit;* d'autre part, qu'il est possible de rencon-

trer dans les Pandectes des textes qui donnent définitivement les arrhes au vendeur, sans supposer une clause expresse à cet égard. Nous invoquons dans ce sens la L. VI, *h. t.* A la considération d'équité nous répondrons que, sans aucune espèce de doute, le vendeur qui retient les arrhes s'enrichit aux dépens de l'acheteur; mais s'enrichit-il injustement? voilà la question. N'est-ce pas l'acheteur qui s'est fait à lui-même la situation fâcheuse dans laquelle il se trouve, et qui s'est placé par sa négligence ou sa mauvaise foi, dans la nécessité de perdre les arrhes.

Quant aux à-compte, plusieurs systèmes se sont produits. Suivant certains interprètes, il faudrait distinguer entre le cas où la chose vendue est frugifère et le cas opposé. Dans la première hypothèse, il aurait le choix entre deux partis : 1° garder les fruits et laisser les à-compte au vendeur; 2° se faire rendre les à-compte et restituer lui-même les fruits. Dans la deuxième hypothèse, les à-compte devraient être rendus. Ils se fondent sur la L. IV, § 1, *h. t.* Dans ce fragment, Ulpien rapporte une opinion de Neratius consistant à dire que, par une raison d'humanité, l'acheteur doit garder les fruits : « Cum pretium « quod numeravit perdidit. » Que de choses ne faut-il pas sous-entendre pour qu'une pareille doctrine soit admissible ! Le « cum pretium quod « numeravit perdidit » signifierait, qu'en vertu d'une décision de faveur, l'acheteur peut garder les fruits, toutes les fois qu'il se serait, de son plein gré, décidé à laisser les à-compte entre les mains du vendeur. C'est là une traduction on ne peut plus arbitraire; de plus, elle implique contradiction avec le motif qui avait déterminé Neratius. La solution qu'il donne serait, dans le système que nous combattons, fondée sur le droit de l'acheteur qui aurait opté pour un parti plutôt que pour un autre, et non sur un tempérament d'équité.

Suivant une seconde opinion, en principe, l'acheteur peut réclamer la restitution des à-compte; il ne les perd qu'en vertu d'une convention formelle faisant partie de la vente, et c'est pour ce dernier cas que Neratius permet à l'acheteur de garder les fruits, afin d'adoucir ce qu'a de trop rigoureux le droit qu'a le vendeur de retenir les à-compte. Cette interprétation, à défaut de texte, se fonde sur la différence entre les arrhes et les à-compte, en même temps que sur des considérations de justice. Il est, dit-on, facile de concevoir que l'acheteur perde les arrhes, même en dehors de toute clause à cet égard : les arrhes sont un signe de l'indissolubilité du contrat, et l'on comprend que la perte en soit infligée à l'acheteur, en punition de la faute qu'il a commise en amenant la résolution de la vente. Tel n'est pas, ajoute-t-on, le caractère des à-compte; ils font partie du prix et

ont été payés à ce titre en exécution du contrat;
il serait fort bizarre que les à-compte fussent per-
dus pour l'acheteur, alors qu'il ne perdrait absolument rien s'il n'avait rien payé; d'où il suivrait
qu'il serait traité avec plus de sévérité quand il
aurait satisfait à une partie de ses engagements
que dans le cas où il n'aurait rien payé du tout.

Nous ne pensons pas que ces raisons aient été
déterminantes aux yeux des jurisconsultes romains,
et nous croyons que la perte des à-compte était
subie par l'acheteur comme celle des arrhes. Nous
invoquons la loi IV, § 1, *hoc. tit.* précitée : Neratius
dit qu'il faut être indulgent pour l'acheteur et lui
laisser les fruits lorsqu'il a perdu une partie du
prix. Reste à savoir quel est bien le cas dans lequel
il subit une semblable perte. C'est toutes les fois
qu'il a payé une portion du prix; Ulpien ajoute, en
effet, après avoir exprimé l'opinion de Neratius :
« Igitur sententia Neratii tunc habet locum, quæ est
« humana, quando emptor aliquem partem pretii
« dedit, » d'où il faut conclure que l'acheteur
perd les à-compte toutes les fois qu'il les a payés.
Disons aussi que dans la loi VI *principio, h. t.,* Scé-
vola permet au vendeur de garder *id quod arrhæ
vel alio nomine datum esset,* désignant ainsi par ces
expressions générales *vel alio nomine* tout ce que
l'acheteur peut avoir donné au vendeur à un titre
quelconque.

Et maintenant, si l'on juge la valeur intrinsèque

d'un pareil système, est-il bien aussi injuste et aussi bizarre qu'on le prétend? La perte des à-compte n'a-t-elle pas une compensation dans la faculté laissée à l'acheteur de garder les fruits? Quand l'acheteur n'a pas donné d'à-compte, est-il vrai de dire qu'il soit plus favorablement traité que celui qui en a donné? En aucune façon, puisqu'on lui impose l'obligation de restituer en ce cas tous les fruits perçus pendant l'intervalle.

Signalons enfin un autre droit, que la résolution encourue par l'acheteur donne à son vendeur : en pratique, on convenait souvent que si le vendeur vendait le même fonds à une autre personne pour un prix inférieur à celui de la vente consentie au premier acheteur, celui-ci lui tiendrait compte de la différence de prix (*L. IV, § 3 h. t.*). Une pareille clause faisant partie intégrante de la *lex commissoria* était comme elle assurée dans son exécution au moyen de l'*actio venditi*. Le pacte dont nous venons de parler étant d'usage, comme le jurisconsulte a soin de nous en prévenir, quand bien même il ne serait pas formellement intervenu, on l'aurait sous-entendu ; il était de règle, en effet, que dans les contrats de bonne foi on sous-entendait les clauses d'usage.

DROIT FRANÇAIS.

Trois sûretés spéciales sont accordées au vendeur d'immeuble pour le payement du prix : 1° le droit de rétention, 2° le privilége, 3° le droit de résolution. Nous allons nous occuper successivement du privilége et du droit de résolution, en laissent de côté le droit de rétention.

ANCIEN DROIT.

Voyons comment naquit le privilége et se transforma le droit de résolution, dans notre ancienne jurisprudence, soit des pays de droit écrit, soit des pays de droit coutumier.

§ I. DU PRIVILÉGE.

La jurisprudence des pays de droit écrit fit sortir le privilége d'une clause fort en usage dans les ventes d'immeubles, dite *clause de précaire* ou *reservati dominii*. Par cette clause, les parties convenaient que le vendeur resterait propriétaire jusqu'au payement intégral du prix; telle était sa signification première. Mais les légistes lui donnèrent une portée nouvelle, et l'interprétèrent comme contenant, non pas la réserve du droit de propriété lui-même, mais la simple retenue d'un droit de privilége. Despeisses (*OEuvres*, t. I, p. 77) s'exprime ainsi sur ce point : « Le vendeur, par défaut de payement du prix, ne peut pas retirer la chose des mains de l'acheteur, bien que dans le contrat il y ait clause par laquelle l'acheteur déclare tenir la chose en précaire du vendeur, jusqu'à ce que le prix en soit entièrement payé. Car aujourd'hui cette clause n'empêche pas la translation de propriété et n'opère autre chose qu'une hypothèque spéciale et privilégiée. »

La clause dont il s'agit étant devenue de style, la jurisprudence la sous-entendit dans tous les actes de vente, et le vendeur eut ainsi une hypothèque tacite privilégiée. C'est ce que rapporte Simon d'Olive (liv. I, ch. 10) : « Le parlement de

Toulouse, suivant l'équité naturelle qui ne veut pas que le vendeur demeure privé de la chose et du prix, estima qu'il était digne de sa prudence de pourvoir à la sûreté du vendeur de choses immobilières, en suppléant la clause de précaire qui ordinairement était réservée dans les actes de vente. » En effet, ce parlement avait jugé ainsi le 13 septembre 1608; et l'on peut citer dans le même sens un arrêt du parlement de Montpellier à la date du 15 décembre 1584.

Dans les pays de droit coutumier, il paraissait naturel de se fonder sur certaines dispositions des coutumes (notamment art. 177 de la *Coutume de Paris*), pour étendre au vendeur d'immeuble le privilége qu'elles reconnaissaient au profit du vendeur de chose mobilière. Après avoir hésité, car l'on trouve encore en 1621 un arrêt par lequel le parlement de Paris refuse le privilége qui nous occupe, la jurisprudence finit par céder à cette raison d'analogie. Et, en 1660, la question restant encore quelque peu douteuse et ayant été posée aux *Mercuriales*, il fut répondu (BASNAGE, *Hypothèque*, ch. 14) : « Que le vendeur a son privilége et hypothèque spéciale et indivisible sur l'immeuble vendu à lui appartenant, encore qu'il ne l'eût pas expressément réservé dans le contrat. »

Ce privilége s'exerçait tant pour le capital que pour les intérêts comme tenant lieu des fruits. Il était appliqué non-seulement au cas de vente, mais aussi en cas d'aliénation d'immeuble, *soit à titre d'échange, soit à titre de bail à rente ou autre titre translatif de propriété* (POCQUET DE LAVONNIÈRE, *Règles du droit français*, p. 442). La généralité des principes sur lesquels il était fondé justifiait cette extension. C'étaient en effet, d'une part, l'idée d'une réserve tacite; d'autre part, la faveur qui s'attache naturellement à la créance de quiconque apporte dans le patrimoine du débiteur, un bien, une valeur nouvelle.

§ II. DU DROIT DE RÉSOLUTION.

Dans les pays de droit écrit, sauf quelques légères modifications, les règles que nous avons étudiées en droit romain restèrent en vigueur. Sans revenir sur ces règles, disons seulement que le vendeur n'avait le droit d'opérer la résolution de la vente à défaut de paiement par l'acheteur, qu'autant qu'il avait pris soin d'insérer dans l'acte un pacte commissoire. Et l'insertion de ce pacte lui était avantageuse, lors même que n'ayant pas suivi la foi de l'acheteur, il conservait la revendication; attendu que l'exercice de cette action laissait subsister le contrat et la possibilité pour l'acheteur de venir plus tard, l'argent à la main, en réclamer l'exécution.

Mais, ce qu'il convient de remarquer, c'est qu'à côté de la règle d'après laquelle le pacte commissoire produisait effet de plein droit par la seule expiration du terme, on avait imposé au créancier l'obligation de se prononcer dans un prompt délai. S'il tardait par trop à prendre parti, les tribunaux, qui avaient sur ce point liberté d'appréciation, pouvaient le déclarer non recevable à invoquer le bénéfice de la clause résolutoire. Et même, dans certains ressorts, le débiteur était autorisé à faire des offres, pendant le délai laissé au vendeur pour choisir entre la demande du prix et la résolution.

Despeisses nous apprend que telle était la jurisprudence du parlement de Toulouse, qui permettait à l'acheteur de purger sa demeure *celeri præstatione* (voy. aussi CATELAN, liv. V, ch. 20). On peut expliquer cette double dérogation aux règles suivies en droit romain, par l'influence des idées qui régnaient dans les pays de droit coutumier sur l'interprétation du pacte commissoire. Là, en effet, nous allons rencontrer un système très-indulgent pour l'acheteur.

« Les clauses résolutoires, dit Ferrière dans son *Dictionnaire de pratique*, ne passent que pour peines comminatoires; elles n'ont pas pour effet de résoudre d'abord et de plein droit le contrat auquel elles ont été apposées, par le défaut d'y satisfaire. Il faut le faire prononcer en justice. » En d'autres termes, la résolution, dans les pays de droit coutumier, n'avait point lieu *ipso jure;* une sentence judiciaire était nécessaire. C'est le principe qu'exprime ainsi de Mornac : « Perpetua apud nostros judices « regula legem commissoriam non obtinere in Gal- « lia nisi post acceptum judicium. » (*Ad leg.* 2, C. *de jure emphiteut.*)

En même temps que la réalisation du pacte commissoire était ainsi retardée par la nécessité imposée au vendeur d'obtenir un jugement, une autre innovation était introduite; nous voulons parler de la condition résolutoire tacite sous-entendue dans tous les actes de vente pour le cas où l'acheteur ne payerait pas le prix. Au seizième siècle, on en était venu à l'admettre sans contestation. Ce n'était là, du reste, que l'application à la vente d'une théorie plus générale suivant laquelle tous les contrats synallagmatiques étaient affectés d'une condition résolutoire tacite, en prévision de l'hypothèse où l'une des parties manquerait à ses engagements; théorie reçue non-seulemens en droit civil, mais aussi en droit féodal (commise) et en matière bénéficiale (regrès).

Quelle utilité désormais pouvait donc conserver le pacte commissoire inséré dans l'acte de vente, du moment que dans le silence même des parties il y avait ouverture à la résolution si le prix n'était pas payé, et que la justice devait toujours intervenir? Pothier nous signale un intérêt : suivant son opinion, la clause expresse avait pour effet d'enlever au juge la faculté d'accorder un délai à l'acheteur, faculté que personne ne lui refusait au cas de clause tacite : « Dans ce cas, dit-il (il suppose une clause expresse de résolution), le juge, sur la demande formée après l'expiration du temps, doit prononcer d'abord la résolution et permettre à l'acheteur de rentrer en la possession de sa chose, au lieu que, lorsqu'il n'y a point de pacte commissoire, le juge, sur la demande du vendeur, rend une première sentence par laquelle il fixe un certain temps qui est laissé à son acheteur, dans lequel il ordonne que celui-ci sera tenu de payer, et passé lequel il sera permis au vendeur de rentrer en la possession de la chose qu'il a vendue. Si l'acheteur ne paye pas dans ledit temps, le vendeur doit obtenir une sentence qui déclare le contrat résolu (*Traité de la vente*, n° 475). » Mais cette opinion de Pothier était loin d'être unanimement partagée par tous nos anciens auteurs. Notamment Dumat (liv. I, t. II, sect. 2) et Bourjon (*Cout. de Paris*, liv. I, t. IV, ch. 9, n° 2) pensaient que le juge pouvait accorder un délai de grâce à l'acheteur, aussi bien dans le cas de pacte commissoire que dans celui où la résolution était simplement sous-entendue. « Je l'ai toujours vu pratiquer ainsi au Châtelet, dit Bourjon, usage équitable et préférable à la rigueur du droit romain qui était peu politique. » Le même auteur nous apprend que le parlement de Paris avait prononcé la résolution dans une hypothèse où le prix consistait en une rente viagère (cas auquel la résolution ne saurait avoir lieu, d'après notre législation moderne).

En terminant cette étude abrégée de l'ancien droit, remarquons que, d'après la jurisprudence des diverses parties de la France, l'anéantissement du contrat de vente, pour défaut de payement du prix, entraînait celui des droits réels consentis par l'acheteur. Cette doctrine professée par la minorité des jurisconsultes romains, à l'époque classique, avait été adoptée généralement dans notre pays.

DROIT MODERNE.

PREMIÈRE PARTIE

DU PRIVILÉGE.

Parmi les priviléges spéciaux sur les immeubles énumérés par l'art. 2103 du Code Napoléon, il en est deux qui se fondent sur l'idée d'un droit réel retenu par le créancier au moment même où il met l'immeuble dans le patrimoine de son débiteur : ce sont le privilége du vendeur et celui des créateurs de plus-value. Ainsi, l'immeuble devient la propriété de l'acquéreur, mais c'est une propriété démembrée, à laquelle manque le droit réel retenu par le créancier. D'où il suit que les hypothèques provenant du chef du débiteur ne frappent l'immeuble que sous la déduction du privilége.

Nous examinerons successivement : 1° à qui appartient le privilége du vendeur; 2° quelles sont les créances qu'il garantit; 3° quelle en est l'assiette; 4° quels en sont les effets.

CHAPITRE I.

A qui appartient le privilége du vendeur.

Il semble, au premier abord, que la réponse soit simple, et que poser la question ce soit la résoudre. Néanmoins, des difficultés s'élèvent sur ce point, lorsqu'il s'agit de savoir si le mot *vendeur* doit être interprété dans un sens restreint, ou dans un sens large, et s'il faut accorder un privilége à quiconque a mis dans le patrimoine d'une personne un immeuble en retour d'un équivalent. La controverse a lieu plus spécialement à propos de l'échange et de la donation avec charges.

Et tout d'abord, le coéchangiste a-t-il un privilége spécial sur l'immeuble qu'il a donné en échange. L'échange peut avoir revêtu deux formes différentes : celle d'un échange avec soulte et celle d'un échange but à but. Dans la première hypothèse, suivant un premier système, la solution à donner est susceptible de distinction : il faut faire abstraction de la dénomination que les parties ont donnée au contrat, pour ne s'attacher qu'à la nature de l'opération. S'il résulte de cet examen que l'acte, malgré sa qualification d'échange, a le caractère de la vente, le privilége du vendeur devra recevoir son application; dans le cas contraire, comme les priviléges sont une création de la loi et ne peuvent être étendus par voie d'interprétation, le coéchangiste n'aura, quant à l'exécution de l'échange, qu'une créance purement chirographaire. Par exemple, que la soulte soit supérieure ou égale à la valeur de l'immeuble reçu en échange, le caractère de la vente prédomine, ou tout au moins n'est pas effacé, et le privilége doit être donné, sans qu'il y ait à craindre de violer la lettre de l'art. 2103. Mais que la soulte soit moins considérable, c'est le caractère de l'échange qui paraît être en prédominance, et la lettre de l'art. 2103 serait violé si l'on accordait le privilége. Nous n'adoptons pas cette opinion; nous pensons que dans toutes les circonstances où il y a soulte, il y a aussi privilége, et qu'à ce point de vue le coéchangiste créancier de la soulte est un vendeur dans le sens de l'art. 2103. Il en était ainsi dans l'ancien droit, d'après le témoignage de Pothier, et les rédacteurs du Code n'ayant nulle part manifesté l'intention d'innover, nous ne voyons pas pourquoi nous distinguerions entre le vendeur proprement dit et celui qui, en vertu d'un échange, peut réclamer une soulte, alors qu'il y a identité de raisons pour traiter l'un à l'égal de l'autre. La soulte qui est due, est représentée dans le patrimoine du débiteur par la valeur qu'y a mise le créancier, et qui n'y est entrée que sous la déduction du droit réel retenu par le coéchangiste. Les priviléges sont une création de la loi, cela est vrai ; mais on ne peut disconvenir, en ce qui touche le privilége du vendeur et celui du créateur de plus value, que la loi ne les rattache à la convention des parties et à la réserve tacite qui en est faite par les créanciers dont nous venons de parler. Est-il possible de supposer que l'un des contractants ait donné en échange un immeuble d'une valeur supérieure à la valeur de celui qu'il a reçu, et qu'en augmentant ainsi le patrimoine de l'autre il ait abdiqué le droit de se faire payer la soulte par préférence à tous autres?

Mais que décider si l'échange a eu lieu but à but? Pour que la question puisse naître, il faut supposer une éviction subie par l'un des coéchangistes, et supposer aussi que ce dernier renonce à demander la résolution du contrat pour s'en tenir à son action en dommages-intérêts. Les objections qui peuvent se produire contre l'existence du privilége dans cette hypothèse particulière ne peuvent être tirées, comme nous venons de le voir précédemment, de ce que l'art. 2103 accorde un pareil droit au vendeur et non au coéchangiste. Elles ne peuvent naître que de la nature même de la créance en dommages-intérêts, et en conséquence nous les examinerons quand nous étudierons les créances diverses que garantit le privilége du vendeur.

Dès le moment que l'on entre dans cette large voie d'interprétation, il faut, croyons-nous, aller jusqu'au bout, et décider que le donateur doit avoir un privilége sur l'immeuble donné, pour assurer l'exécution des charges imposées au donataire. Nous prenons, bien entendu, pour point de départ cette idée, d'ailleurs contestée, que le donateur a contre le donataire une action personnelle pour le contraindre à exécuter les charges. N'est-il pas vrai, que lui aussi a mis une valeur dans le patrimoine du donataire, mais sous la réserve formelle d'une autre valeur, de telle sorte que sous ce rapport, l'analogie entre lui et le vendeur est parfaite? On ne saurait objecter que, suivant l'art. 944, le donateur peut demander la révocation de la donation; nous répondrions que le vendeur aussi peut faire résoudre la vente, ce qui ne l'empêche pas d'avoir un privilége.

Quoi qu'il en soit, lorsqu'il y a eu plusieurs vendeurs successifs d'un même immeuble, le premier est préféré au second, le second au troisième et ainsi de suite. Il faut se garder de croire que ce soit là l'application au privilége du vendeur de la règle *prior tempore potior jure*. La préférence entre ces divers vendeurs se règle suivant un autre ordre d'idées : le deuxième acheteur n'a pas revendu l'immeuble aussi complet qu'il l'avait reçu du précédent propriétaire; celui-ci ayant retenu un droit réel, l'immeuble est rentré dans le patrimoine du second acheteur, déduction faite de ce droit réel; d'où il suit que le privilége retenu par le deuxième acheteur porte sur l'immeuble diminué de tout celui qui a déjà été réservé par le premier vendeur. Du reste, lorsque nous examinerons comment se règle le conflit entre le vendeur de l'immeuble et les divers créanciers hypothécaires de l'acheteur, nous verrons bien que la priorité du privilége est complétement indépendante d'une question de date, et que la règle *prior tempore potior jure* cède la place à cette autre règle : *Privilegia æstimantur non ex tempore, sed ex causa.*

Le privilége du vendeur peut être exercé, non-seulement par lui, mais par des tiers qui y auront été subrogés. Bien que l'art. 2103 2° ne parle que d'une seule espèce de subrogation, il peut s'en produire trois : 1° subrogation conventionnelle consentie par le créancier, c'est-à-dire par le vendeur; 2° subrogation conventionnelle consentie par le débiteur, c'est-à-dire par l'acheteur; 3° subrogation légale.

Mais sous quelque forme que se présente la subrogation au privilége du vendeur, il faudra suivre les règles ordinaires. A l'égard de la subrogation conventionnelle consentie par le vendeur, il faudra qu'elle soit expresse et consentie en même temps que le payement (art. 1250 1°). A l'égard de la subrogation conventionnelle consentie par l'acheteur, l'art. 2103 2° en reconnaît la validité, pourvu qu'il soit authentiquement constaté par l'acte d'emprunt que la somme était destinée à cet emploi, et par la quittance du vendeur que ce payement a été effectué des deniers empruntés. Lorsqu'on compare cette disposition à l'article 1251 2°, on peut croire, au premier abord, qu'entre la théorie du droit commun et la théorie spéciale qui nous occupe, il y a des différences; certaines personnes en ont relevé deux. Suivant elles, tandis que l'art. 1251 2° exige, à peine de nullité, l'authenticité de la quittance, l'art. 2103 semblerait se contenter de l'acte d'emprunt; en second lieu, la subrogation dont il est question dans l'art. 2103 2° paraîtrait ne pouvoir être valablement consentie qu'après la vente consommée. D'où il suivrait qu'accordée antérieurement par un acheteur futur, auquel des deniers auraient été prêtés précisément en prévision du marché, elle serait frappée de nullité. Mais ce sont là de fausses apparences; l'article 2103 2° exige l'authenticité à la fois et de l'acte d'emprunt et de la quittance : les mots *pourvu qu'il soit authentiquement constaté* se réfèrent à ces deux espèces d'actes; et du reste, les raisons qui, en matière de subrogation ordinaire, ont déterminé le législateur à se montrer sévère, subsistent ici dans toute leur force. Quant à la deuxième différence, elle est également chimérique : si l'art. 2103 2° suppose une vente

consommée, c'est qu'il statue de *eo quod plérumque
fit*. Mais, de même qu'une personne voulant contracter une obligation ordinaire, peut se procurer
à l'avance les moyens d'y satisfaire et subroger,
celui qui se propose d'acheter un immeuble, peut,
s'il le veut, contracter un emprunt pour se mettre
en mesure de payer le prix, et subroger celui qui
lui prête des deniers au privilége à venir du vendeur. Il reste bien entendu que cette subrogation ne sera définitive que si les formalités ultérieures se trouvent remplies.

A l'égard de la subrogation légale, elle serait accordée à la caution qui, s'étant obligée pour l'a-
cheteur, aurait, à son lieu et place, payé le prix.

Dans tous les cas qui précèdent, le privilége est
transmis à un tiers par voie de subrogation. Il
pourrait l'être aussi par voie de cession : l'art. 2115
est en effet conçu de la manière suivante : « Les
cessionnaires de ces diverses créances privilégiées
exercent tous les mêmes droits que les cédants, en
leur lieu et place. » Et parmi les créances privilégiées dont il a été question dans les articles antérieurs, se trouve celle du vendeur.

Ce n'est pas à dire que la transmission par voie
de subrogation et la transmission par voie de cession doivent être mises sur la même ligne. Ainsi,
lorsque le vendeur a consenti, au profit d'un tiers,
une subrogation partielle, et que l'acheteur est in-
solvable, le subrogeant doit être colloqué avant le

subrogé; c'est l'application de l'art. 1252 et de la maxime ancienne : *Non videtur subrogasse contra se.* Toutefois, le subrogé devrait passer avant le subrogeant, si ce dernier lui avait garanti la solvabilité du débiteur commun. Lorsqu'au lieu d'une subrogation partielle il s'agit d'une cession de même nature, le cédant et le cessionnaire, à la différence de ce qui se passe dans l'hypothèse précédente, viennent en concours et au marc le franc. Sans nul doute, le cédant doit garantie au cessionnaire, même abstraction faite de toute clause; mais cette garantie n'a pour objet que l'existence même de la créance, et le premier rang n'appartiendrait au cessionnaire qu'en vertu d'une garantie de fait s'appliquant même à la solvabilité du cédé. Dans ce cas seulement, le cessionnaire, tant qu'il ne serait pas intégralement payé, pourrait écarter la prétention du cédant en vertu de l'exception de garantie.

Dans l'hypothèse d'une subrogation partielle, si le subrogeant cède à une deuxième personne la portion de créance qu'il a conservée, il lui transmet les droits qu'il avait lui-même, et, en conséquence, le droit d'être préféré au subrogé. Il en serait de même si, au lieu d'une cession, le subrogeant consentait une seconde subrogation partielle, d'où il suit que le subrogeant peut établir entre divers subrogés des droits de préférence. Seulement, il faudrait retourner la règle, et, au lieu de dire *prior tempore potior jure*, il faudrait dire *posterior tempore potior jure*.

Dans l'hypothèse d'une cession partielle, le cédant ne pouvant transmettre à des cessionnaires ou à des subrogés postérieurs que les droits qui lui compètent à lui-même, il en résulte que les divers cessionnaires ou les divers subrogés concourraient entre eux au marc le franc.

—◊◊◊—

CHAPITRE II.

Quelles sont les créances garanties par le privilége du vendeur?

Le privilége du vendeur garantit tout d'abord le prix principal (art. 2103 1°).

Il garantit aussi les intérêts de ce prix. Il est vrai que l'article 2103 1° ne parle pas nominativement des intérêts ; mais les fruits de l'immeuble ont fait, comme l'immeuble lui-même, l'objet de la vente ; c'est le vendeur qui les a mis dans le patrimoine de l'acheteur, et les intérêts constituent précisément le prix de ces fruits.

Lorsque le prix de vente a été réglé en billets transmissibles par la voie de l'endossement, le privilége en garantit le payement : ils ont été souscrits non point pour opérer une novation, car la novation ne se présume pas, mais comme mode de réglementation du prix. A supposer qu'on pût attribuer au vendeur la pensée de renoncer à l'exercice de son privilége, toujours est-il que cette renonciation devrait être considérée comme conditionnelle, comme subordonnée à l'acquittement des billets; de telle sorte que la condition n'étant pas réalisée, il rentrerait dans le plein et entier exercice de ses droits.

Le remboursement des frais du contrat et des frais de transcription avancés par le vendeur lui est aussi assuré par privilége. On objecte qu'il n'en est pas créancier en vertu de la vente; s'il les a payés, c'est parce qu'il les devait lui-même au notaire, en vertu du mandat donné à l'officier public en commun avec l'acheteur (art. 2002), et si maintenant il peut exercer son recours contre l'acquéreur, c'est en se fondant non sur le contrat lui-même, mais sur le lien de solidarité résultant entre eux du mandat dont il s'agit. Les frais de transcription, ajoute-t-on, doivent être traités de même. — Nous répondons : les frais de passation de l'acte et ceux de transcription font partie du prix, représentent une portion de la valeur de l'immeuble, et la créance qui naît à ce sujet au profit du vendeur résulte du contrat même de vente. N'est-il pas vrai que, s'il n'y avait pas eu de frais à débourser, le prix de la vente aurait été augmenté d'autant, et que le prix tout entier aurait été privilégié? La somme que l'acheteur déduit de la valeur véritable de l'immeuble, pour payer les frais, est donc une portion du prix que le vendeur laisse entre ses mains, à la condition qu'elle sera employée à l'acquittement des frais en question. Si donc cette condition n'est pas réalisée, le prix s'augmente de toute la somme que le vendeur est obligé d'avancer; et, en conséquence, il est vrai de dire qu'il exerce son privilége pour le prix de la vente, quand il prétend l'appliquer aux frais d'acte et de transcription. L'on rentre ainsi dans les termes mêmes de l'art. 2103 1°.

Le vendeur peut aussi réclamer par privilége l'exécution des charges; elles font partie intégrante du prix et sont la représentation, pour une certaine fraction, de la valeur entrée dans le patrimoine de l'acheteur. Que si ces charges ne sont pas exécutées, et qu'elles viennent à se résoudre en dommages-intérêts, cette indemnité n'étant autre chose que l'exécution des charges sous une autre forme, elle doit être privilégiée; une solution opposée conduirait à ce résultat bizarre, qu'en n'exécutant pas le contrat l'acquéreur pourrait par son fait porter atteinte aux droits du vendeur. Qu'on ne dise pas que la créance des dommages-intérêts résulte de l'inexécution de la vente, et ne procède pas comme celle du prix de la vente elle-même. C'est comme si l'on disait que l'action en garantie n'est pas un élément naturel de la vente, parce qu'elle naît de

l'éviction de l'acheteur, c'est-à-dire d'un fait postérieur au contrat; c'est comme si l'on ajoutait que
la même action en garantie n'est pas un élément
naturel du partage, parce que l'éviction de l'un
des copartageants y donne lieu; et cependant cette
créance de garantie est formellement assurée par
un privilége (art. 2103 3°).

Ces principes nous conduisent à décider, que,
dans l'échange but à but, le co-permutant évincé
est investi d'un privilége pour se faire payer les
dommages-intérêts qui lui sont dus. Etant résolue
affirmativement la question de savoir s'il faut entendre dans un sens large le mot vendeur de l'article 2103 1°, et si cette expression s'applique même
au coéchangiste, il ne reste plus qu'à détruire les
doutes qui peuvent surgir dans l'esprit en considérant la nature de l'action en garantie qui compète
au copermutant. Or, ces doutes disparaissent à
l'aide des considérations qui précèdent. On a beau
dire, que dans le cas où j'échange un immeuble
contre un autre, l'équivalent pour moi consiste
dans l'immeuble que je reçois en échange, et nullement dans la créance de dommages-intérêts qui
naît ultérieurement à mon profit; je réponds : L'é-
quivalent pour moi consiste, tout d'abord, dans
l'immeuble que j'acquiers, et subsidiairement dans
la garantie que j'aurai contre celui avec lequel je
contracte, en supposant que je vienne à être évincé.
Cette créance a son équivalent dans la valeur que

j'ai mise dans le patrimoine de l'autre copermutant;
je l'exerce en vertu même de l'échange, et partant,
elle doit être privilégiée.

———◇———

CHAPITRE III.

Quels sont les biens qui servent d'assiette au privilége?

La réponse à cette question se trouve dans l'article 2103 1° : le privilége porte sur le prix provenant de la revente de l'immeuble qui a été
vendu, en d'autres termes sur le prix provenant
de la revente de ce qui a été mis dans le patrimoine de l'acheteur par la vente elle-même.
A cet égard, il y a une différence remarquable à
signaler entre le privilége du vendeur et le privilége du copartageant; d'une part, le premier est
plus étendu que le second, en ce sens qu'il n'y a
pas à distinguer entre les ventes mobilières et les
ventes immobilières; le second au contraire n'existe
que dans le cas où le partage a eu pour objet des
immeubles. D'autre part, le privilége du copartageant est, à un autre point de vue, plus large que
celui du vendeur : tandis que ce dernier frappe
seulement l'immeuble sorti du patrimoine de l'a-

liénateur, le premier a une certaine extension plus considérable et porte même sur la portion de l'immeuble qui n'a jamais été dans le patrimoine du copartageant créancier. Voilà deux héritiers, Primus et Secundus, et deux immeubles dans la succession, les immeubles A et B; l'immeuble A est mis tout entier dans le lot de Primus, l'immeuble B dans le lot de Secundus; en dépit de la maxime que le partage est déclaratif de propriété, quand on considère le fond des choses, il est bien vrai de dire que Primus a cédé à Secundus la portion indivise qu'il avait dans l'immeuble B comme Secundus a cédé à Primus la portion indivise qu'il avait dans l'immeuble A. Mais chacun d'eux n'a cédé à l'autre que cette portion indivise; si donc, l'on avait pris ici pour point de départ d'une manière rigoureuse l'idée d'un droit réel retenu par l'aliénateur sur la chose aliénée, le privilége de chacun des copartageants ne porterait que sur la part indivise mise par lui dans le lot de l'autre, et cependant il aura pour assiette l'immeuble tout entier.

Mais que décider relativement aux améliorations qui sont survenues à l'immeuble vendu? Nous prenons pour point de départ la règle posée par l'article 2133, à savoir que l'hypothèque acquise s'étend à toutes les améliorations survenues à l'immeuble hypothéqué; et nous étendons cette règle des hypothèques simples aux hypothèques privilégiées, en l'absence de toute raison de distinguer. Reste

donc à se demander ce qu'il faut entendre par améliorations. Les améliorations survenues à l'immeuble peuvent être de plusieurs sortes : juridiques, matérielles, industrielles, intrinsèques.

Nous entendons par améliorations juridiques
l'accroissement de valeur qui résulte pour l'immeuble de l'extension d'une servitude réelle et
même d'une servitude personnelle, telle que l'usufruit : je suis nu-propriétaire d'un immeuble, je le
vends alors que l'usufruit réside encore sur la tête
d'un tiers ; plus tard cet usufruit fait retour à la
nue-propriété, mon privilége devra s'étendre à la
pleine propriété. Mais si, étant usufruitier, je ven-
dais mon droit d'usufruitier, et que l'acheteur acquît
ensuite la nue-propriété, sans nul doute mon privilége sur le droit d'usufruit ne serait pas éteint, car
l'acquéreur n'a pas pu par son fait porter atteinte à
son droit, et le terme de l'art. 2118 subordonnant
la durée de l'hypothèque à la durée de l'usufruit
ne s'entend que des modes naturels d'extinction ;
mais mon privilége de vendeur ne porterait en aucune façon sur la nue-propriété. La raison de différence est que le retour de l'usufruit à la nue-propriété est quelque chose de normal et de prévu, et
que l'on peut considérer l'augmentation de valeur
résultant de ce retour comme une amélioration
toute naturelle de l'immeuble ; mais il n'en est pas
de même de l'acquisition de la nue-propriété, fait
purement accidentel, et qui constitue bien plutôt

une acquisition nouvelle qu'une amélioration dans le sens de la loi.

Les améliorations matérielles sont celles qui sont la conséquence de l'accession, telle qu'elle a été organisée par le Code. Une discussion s'était élevée au sein du conseil d'État lors de la rédaction de l'art. 2133, et cette disposition fut adoptée sur une observation de M. Tronchet, portant que divers articles du Code déterminaient les divers accessoires qui sont acquis au propriétaire de la chose réputée principale, et que l'hypothèque s'étendait à ces accessoires. Ainsi, le mot amélioration dans l'art. 2133 a la signification la plus large. Prenant cette idée pour point de départ, nous déciderons que le privilége du vendeur s'étend à l'alluvion, ainsi qu'aux relais mis à découvert par l'eau qui se retire sur la rive opposée. Même solution pour l'île qui vient à se former dans le lit d'une rivière non navigable ni flottable, ainsi que pour les portions de terrains détachées de l'une des propriétés riveraines et jointes à l'immeuble vendu, alors que l'acheteur de cet immeuble a pris possession, et que le propriétaire de la portion détachée a laissé s'écouler une année sans réclamation. Enfin il n'y a pas de raison pour ne pas appliquer cela au lit abandonné et donné à titre d'indemnité au propriétaire de fonds nouvellement occupé, en supposant que le fonds dont il s'agit soit précisément l'immeuble vendu. Cette concession de l'ancien lit ayant lieu à titre d'indemnité, on ne voit pas pourquoi tous ceux qui ont des droits sur la chose ne tireraient pas profit de l'indemnité.

Les améliorations industrielles sont celles qui résultent des travaux faits sur l'immeuble, soit par l'acheteur primitif, soit par un tiers acquéreur. Le privilége s'étend sur ces améliorations; seulement, lorsqu'il est exercé contre un tiers détenteur et que c'est ce dernier qui a fait les impenses, il lui en est tenu compte jusqu'à concurrence de la plus value (art. 2175). Des doutes se sont élevés lorsque l'amélioration industrielle consiste dans une construction élevée sur le fonds : dans une certaine opinion, on a prétendu que l'hypothèque établie sur l'immeuble ne s'étendait pas à l'édifice construit, pas plus que le privilége. Nous ne saurions nous ranger à cette solution; les constructions, faites *a non domino*, appartiennent au propriétaire du sol; c'est là un nouveau cas d'accession établi par le Code, et nous savons, par les observations de M. Tronchet, que les améliorations dont parle l'art. 2133 doivent s'entendre de tout ce qui, suivant les idées du législateur, vient, à titre accessoire, s'incorporer à une chose principale.

Enfin, les améliorations extrinsèques sont les accroissements de valeur qui proviennent pour l'immeuble, de ce que des circonstances accidentelles, par exemple des travaux d'utilité publique, tels que le desséchement d'un marais, le percement d'une rue, l'établissement d'un chemin de fer, sont venus placer l'immeuble dans une situation plus favorable que celle dans laquelle il se trouvait auparavant. Ces augmentations de valeur seront, comme l'immeuble lui-même, soumis au privilége.

Mais, il est bien entendu que le privilége, pas plus que l'hypothèque, ne portera sur les acquisitions nouvelles. Que l'acheteur, par exemple, vienne à agrandir l'enceinte du fonds en l'augmentant d'un terrain voisin, ce terrain ne sera pas assujetti au privilége; il n'y a pas lieu d'appliquer ici l'art. 1019, l'intention du testateur doit en effet s'interpréter d'une manière large, tandis qu'en matière d'hypothèque, tout au contraire est de droit étroit.

—◦◦◦—

CHAPITRE IV.

Effets du privilége du vendeur.

Le privilége du vendeur est muni, comme toute hypothèque simple ou privilégiée, du droit de préférence et du droit de suite, mais il ne peut conserver l'un et l'autre qu'à l'aide d'une certaine publicité destinée à prévenir les tiers, qui peuvent

7

traiter avec l'acquéreur, qu'ils aient à compter sur l'immeuble entré dans le patrimoine de ce dernier, mais sous la déduction du droit réel retenu par le vendeur. Il nous reste donc à étudier les mesures de publicité telles que les a organisées la loi, soit relativement au droit de préférence, soit relativement au droit de suite.

SECTION PREMIÈRE.

Du droit de préférence et de sa publicité.

Lorsqu'on analyse le principe de publicité, on découvre qu'il contient trois règles spéciales :

1° Le rang du droit hypothécaire est déterminé par la date de l'inscription (art. 2134);

2° La date de l'inscription est elle-même déterminée par l'unité de jour, en d'autres termes les hypothèques inscrites le même jour viennent en concurrence (art. 2147);

3° L'inscription doit être spéciale, c'est-à-dire porter à la connaissance du public, par une désignation précise, la somme garantie par l'hypothèque et l'immeuble hypothécairement affecté.

Le privilége du vendeur, comme tous les priviléges spéciaux sur les immeubles, est soumis à la publicité. Il s'agit seulement de savoir comment cette publicité a été organisée, si elle est l'application des trois règles qui précèdent, et dans le cas où elle y ferait exception, quelle est la portée de pareille dérogation?

Sur ce point divers systèmes de législation se sont succédé; ils sont au nombre de trois: 1° le système de la loi du 11 brumaire an VII; 2° le système du Code Napoléon; 3° le système de la loi du 23 mars 1855 exécutoire depuis le 1er janvier 1856.

§ 1. Système de la loi du 11 brumaire an VII.

La loi du 11 brumaire an VII ne reconnaissait que deux priviléges spéciaux sur les immeubles : ceux qui reposent sur l'idée d'un droit réel retenu par l'aliénateur au moment de l'aliénation, à savoir le privilége du vendeur et le privilége des créateurs de plus value. Pour que ces priviléges ne soient pas un piége tendu aux personnes qui peuvent traiter avec le débiteur, il importe qu'il soient rendus publics au moment même de leur naissance. C'est ce qu'avaient parfaitement compris les rédacteurs de la loi de brumaire; et pour nous tenir à ce qui est l'objet spécial de notre travail, c'est dans cette vue qu'ils avaient organisé la publicité à donner au privilége du vendeur. Dans le système de cette loi, l'acheteur ne devenait propriétaire à l'égard des ayants cause du vendeur que par la transcription de l'acte de vente au bureau des hypothèques. C'était au moment même où il faisait transcrire, que l'immeuble entrait dans son patrimoine à l'égard des tiers qui pouvaient traiter avec l'aliénateur. Jusque-là, il pouvait être évincé soit par des aliénations, soit par des constitutions de droits réels consentis par le vendeur. Le même danger menaçait, par voie de conséquence, tous ceux auxquels l'acquéreur pouvait concéder des droits sur l'immeuble : si ces personnes étaient prudentes, avant d'entrer en relation avec l'acheteur, elles devaient s'assurer qu'il avait fait transcrire. Tant qu'il n'avait pas accompli cette formalité, il ne trouvait donc personne avec qui traiter, et par suite le vendeur n'avait rien à craindre pour son privilége. Lorsque la transcription avait eu lieu, la faculté de disposer de l'immeuble n'était plus paralysée entre les mains de l'acquéreur, et c'est alors que naissait pour le vendeur le besoin de son privilége; de telle sorte que le privilége prenait naissance avec toute son utilité, au moment où l'immeuble entrait dans le patrimoine de l'acheteur à l'égard des tiers. Mais à ce moment même, le droit réel réservé par l'aliénateur était rendu public; la transcription, en effet, n'est autre chose qu'une copie littérale de l'acte de vente; or, lorsque le prix n'est pas payé, il y a dans l'acte une clause qui indique cette circonstance, et qui, rendue publique en même temps que toutes les autres, porte à la connaissance des tiers le non-payement du prix et le privilége qui en est la conséquence. Seulement, comme cette clause peut se trouver au milieu d'une foule d'autres, parmi lesquelles il faudrait aller la démêler; pour mettre davantage en lumière le privilége, la loi de brumaire imposait au conservateur des hypothèques l'obligation de détacher du registre des transcriptions pour la reporter sur celui des inscriptions la clause qui indiquait que le prix n'était pas payé, et cela sans en être requis par les parties; c'était ce qu'on appelait l'inscription d'office. Seulement surgissait la question de savoir si l'inscription d'office était nécessaire à la conservation du privilége, ou si, en l'absence de l'inscription, les tiers, trompés par une publicité insuffisante, avaient un recours en dommages-intérêts contre le conservateur. La jurisprudence s'était prononcée dans le premier sens, et, à vrai dire, elle y était autorisée par le texte même de l'art. 29 ainsi conçu : « Lorsque le titre de mutation constate qu'il est dû au précédent propriétaire ou à son ayant cause, soit la totalité ou partie du prix, soit des prestations qui en tiennent lieu, la transcription conserve à ceux-ci le droit de préférence sur les biens aliénés, *à l'effet de quoi* le conservateur des hypothèques fait inscription sur ses registres des créances non encore inscrites qui en résulteraient. »

Ainsi la publicité du privilége du vendeur en accompagnait la naissance, il se révélait aux tiers au moment même où l'immeuble entrait dans le patrimoine de l'acheteur *erga omnes*, et il était impossible que personne fût trompé. Le vendeur

pouvait donc sans inconvénient primer les créanciers hypothécaires de l'acheteur, inscrits le jour
même de la transcription, et ceux inscrits à une
époque ultérieure; nous ne parlons pas des
créanciers ayant une hypothèque générale antérieure, la loi du 11 brumaire an VII ne reconnaissant pas d'hypothèques de cette nature; et
nous faisons observer que, sous l'empire de cette
législation, le vendeur avait besoin de son privilége
à l'égard seulement des créanciers hypothécaires
inscrits le jour même de la transcription et nullement à l'égard des créanciers hypothécaires posté-
térieurs. En ce qui touche ces derniers, une
simple hypothèque légale et la règle *prior tempore
potior jure* lui aurait assuré le premier rang.

§ 2. Système du Code Napoléon.

D'après ce qui précède, il est facile de voir que la
loi du 11 brumaire an VII avait rattaché la conservation du privilége du vendeur et l'organisation de sa
publicité au principe qu'elle posait dans son art. 26,
et suivant lequel la transcription était nécessaire
pour transférer la propriété des immeubles à l'é-
gard des tiers. L'art. 29, relatif à la conservation du
privilége, était la conséquence toute naturelle de
l'art. 26. Il n'est pas douteux que les rédacteurs du
Code Napoléon, du moins dans le projet primitif,
n'aient suivi les errements de la loi de brumaire.
Dans ce projet, il y avait en effet un art. 91, aux

termes duquel, les *actes translatifs de propriété qui n'ont pas été transcrits ne peuvent être opposés aux tiers qui auraient contracté avec le vendeur et qui se seraient conformés aux dispositions de la présente.* Après une vive discussion, cet art. 91 fut adopté en principe, sauf à en modifier la rédaction et à préciser : à savoir, 1° que la transcription ne s'appliquerait pas avec sa nécessité aux mutations antérieures à la loi du 11 brumaire an VII; 2° que la transcription des ventes consenties *a non domino* ne rendrait pas l'acheteur propriétaire; ce qui, par parenthèse, était bien inutile à exprimer. C'est à cet art. 91 du projet que se rattachait l'art. 2108, qui, comme une conséquence se rattache naturellement à son principe. On retrouve en effet dans cet art. 2108 le système organisé dans l'art. 29 de la loi de brumaire, avec une seule différence relative à l'inscription d'office. Tout d'abord, la transcription vaut inscription, et cette règle est formulée de la manière suivante : « Le vendeur privilégié conserve son privilége par la transcription du titre qui a transféré la propriété à l'acquéreur et qui constate que la totalité ou partie du prix lui est due. A l'effet de quoi, la transcription du contrat, faite par l'acquéreur, vaudra inscription pour le vendeur et pour celui qui aura prêté des deniers et qui sera subrogé au droit du vendeur par le même contrat. » Quant à l'inscription d'office, elle n'est pas exigée du conservateur pour la conservation du privilége, mais seulement pour la bonne tenue du registre des inscriptions. Et lorsqu'elle n'est pas prise, comme d'une part le droit du vendeur se trouve maintenu, comme d'autre part les tiers qui ont traité avec l'acquéreur peuvent avoir été trompés, ils ont contre le conservateur un recours en dommages-intérêts : « Sera néanmoins, ajoute l'art. 2108, le conservateur des hypothèques, tenu, sous peine de tous dommages-intérêts envers les tiers, de faire d'office l'inscription sur son registre des créances résultant de l'acte translatif de propriété, tant en faveur du vendeur qu'en faveur des prêteurs qui pourront aussi faire faire, si elle ne l'a été, la transcription du contrat de vente à l'effet d'acquérir l'inscription de ce qui leur est dû sur le prix. »

Si ce système avait été maintenu et si l'art. 91 du projet se fût retrouvé définitivement dans la loi, rien n'eût été plus simple ; la transcription, en même temps qu'elle eût opéré et révélé au public la mutation de propriété accomplie au profit de l'acheteur, eût aussi fait connaître le privilége du vendeur, et la publicité du privilége aurait été contemporaine du moment où l'acquéreur aurait pu efficacement consentir des droits réels sur l'immeuble. Personne n'eût été trompé ; les créanciers de l'acheteur ayant une hypothèque générale antérieure (l'hypothèque générale prescrite par la loi de brumaire ayant été admise dans certains cas par le Code), ces créanciers, disons-nous, voyant un immeuble entrer dans le patrimoine de l'acheteur, auraient su qu'ils ne pouvaient y compter que sous la déduction du privilége du vendeur. Il en eût été de même des créanciers qui auraient acquis une hypothèque et l'auraient fait inscrire le jour même de la transcription, ainsi que de ceux qui auraient traité avec l'acheteur postérieurement. Remarquons toujours que le vendeur n'aurait eu besoin de son privilége qu'à l'égard des créanciers antérieurs et à l'égard de ceux inscrits le jour même de la transcription. A l'égard de ceux inscrits ultérieurement, l'hypothèque simple et la règle *prior tempore potior jure* lui auraient suffi pour les primer.

Malheureusement, l'article fondamental, l'art. 91 du projet disparut de la rédaction définitive. Par suite de quelles circonstances? On ne sait. Est-ce inadvertance de la part des rédacteurs du Code? Est-ce à la suite d'une discussion dont les procès-verbaux ne gardent aucune trace? Est-ce par un véritable escamotage, comme le dit M. Troplong? Nous l'ignorons complétement. Toujours est-il que dans les premiers temps qui suivirent la promulgation du Code, la question fut controversée de savoir si la transcription était toujours nécessaire pour transférer la propriété des immeubles à l'égard des tiers. Ceux qui soutenaient la négative ne pouvaient se fonder que sur la suppression de l'art. 91 du projet, et ceux qui défendaient l'affirmative, sur un grand nombre de dispositions du Code qu'il est impossible d'expliquer rationnelle- ment en dehors de ce système, par exemple sur les art. 1583, 2108, 2181, 2189, 2198.

Quoi qu'il en soit, les tribunaux se rangèrent du côté de la première opinion et décidèrent que le simple consentement suffisait pour rendre l'a- cheteur propriétaire à l'égard des tiers. La question soumise au conseil d'État, qui, à cette époque, avait le pouvoir d'interpréter les lois, fut résolue de la même manière; et depuis lors, malgré l'opposition de quelques excellents esprits, on ne plaida plus devant les tribunaux la nécessité de la transcription pour opérer la mutation de propriété *erga omnes*. Que devint alors l'art. 2108? Le principe étant sup- primé, que devint la conséquence? De très-grandes difficultés s'élevèrent alors dans la jurisprudence et dans la doctrine. Plusieurs opinions furent émises. Nous allons les faire connaître le plus som- mairement possible, ne serait-ce que pour appré- cier le service rendu par la loi du 23 mars 1855, qui, en ressuscitant la nécessité de la transcription, est venue par cela même rendre la vie à l'art. 2108. Quatre systèmes principaux furent soutenus; ils eurent cela de commun que tous vinrent se grouper autour de l'art. 2106, et furent la conséquence des interprétations diverses données à cette disposition.

Lorsqu'on fait complétement abstraction des traditions historiques et que l'on considère en lui-

même l'art. 2106, deux difficultés surgissent. L'a-
nalyse de l'art. conduit aux trois propositions suivantes :

Les priviléges spéciaux sur les immeubles n'ont
d'effet que par l'inscription. Cet effet se produit à
compter de la date de cette inscription. Enfin, la
règle générale reçoit exception à l'égard des priviléges contenus dans les articles 2107 et suivants,
jusque et y compris l'art. 2111.

La première de ces propositions n'est pas con-
testable; elle ne fait qu'exprimer le principe de
publicité dans son application aux priviléges spéciaux sur les immeubles. Mais la deuxième semble
bouleverser toutes les notions élémentaires reçues
en matière de priviléges. S'il y a quelque chose
d'incontestable, c'est que le rang des priviléges se
rattache à la qualité de la créance (art. 2095 à
2097), et se trouve complétement indépendant de
la date de l'inscription, à la différence de l'hypothèque. D'un autre côté, les articles qui suivent
l'art. 2106 renferment tous les priviléges spéciaux sur les immeubles reconnus par le Code;
d'où il suit que les exceptions annoncées par l'article 2106 semblent confirmer la règle générale et
que celle ci n'a dans le droit actuel aucune application possible même aux priviléges établis par des
lois particulières, car ces priviléges sont analogues
à ceux consacrés par le Code Napoléon.

En présence de cette double difficulté, la jurisprudence prit pour point de départ une distinction entre l'effet et le rang des priviléges : l'inscription, dans cette opinion, était bien nécessaire pour assurer les effets des priviléges spéciaux sur les immeubles, mais en aucune façon pour en assurer le rang ; et quand on objectait les termes mêmes de l'article 2106, *et à compter de la date de cette inscription,* la jurisprudence répondait que ces expressions n'avaient d'application possible qu'au droit de suite. Quant au droit de préférence, l'inscription le conservait à quelque époque qu'elle fût prise, pourvu que ce ne fût pas après l'expiration d'une de ces époques fatales qui viennent arrêter le cours des inscriptions, comme la faillite du débiteur et l'acceptation de sa succession sous bénéfice d'inventaire (art. 2146); et cette inscription ainsi prise à un moment quelconque devait avoir un effet rétroactif au jour où le privilége avait pris naissance.

Appliquant cette étrange théorie au privilége du vendeur, la jurisprudence décidait que l'acheteur devenant propriétaire à l'égard de tout le monde par le seul effet de la vente, et en conséquence ne faisant plus transcrire la mutation de propriété qui s'était opérée à son profit, c'était au vendeur qu'incombait la charge de requérir la transcription de l'acte à l'effet de conserver son privilége ; mais que cette transcription, à quelque époque qu'elle eût lieu postérieurement à la vente, avait un effet rétroactif au jour même de la vente. Ainsi, le vendeur à la condition de faire transcrire lui-même antérieurement à la faillite de l'acheteur ou à l'acceptation de sa succession sous bénéfice d'inventaire, primait tous les créanciers ayant une hypothèque générale antérieure à l'aliénation, enfin tous les créanciers hypothécaires postérieurs à la vente, sans distinction entre ceux qui s'étaient inscrits avant la transcription et ceux qui s'étaient inscrits ultérieurement.

Une raison toute-puissante était opposée à ce système de la jurisprudence : c'était que la transcription qui, dans la pensée des rédacteurs de la loi de brumaire ainsi que dans la pensée des rédacteurs du Code, était une grande mesure de publicité qui avait pour but d'avertir les tiers de compter sur l'immeuble sous la déduction du privilége du vendeur, n'avertissait en réalité personne, et dégénérait en une mesure simplement fiscale. Il y avait quelque chose de monstrueux à reconnaître ainsi au vendeur la faculté de venir par une révélation tardive de son droit bouleverser toutes les hypothèques antérieures; la bonne foi et la sécurité publique s'en trouvaient compromises. Ajoutons qu'il y avait là une inconséquence; la transcription pouvait sans doute être faite à une époque quelconque, mais enfin elle devait avoir lieu, de telle sorte que si la faillite de l'acheteur ou l'acceptation de sa succession sous bénéfice d'inventaire venait forclore le vendeur, celui-ci ne pouvait plus exercer son privilége, mais il avait le droit de résolution, et pouvait, à l'aide de cette arme d'une autre nature, forcer les tiers à capituler.

D'autres personnes, préoccupées des mots, et à *compter de la date de leur inscription*, qui se trouvent dans l'article 2106, et ne pouvant, comme la jurisprudence, se faire à cette singulière idée que ces termes avaient trait au droit de suite, en présence des expressions par lesquelles commence l'art. 2106, *entre les créanciers*, imaginèrent pour l'explication de cette disposition la distinction que voici : à l'égard des créanciers hypothécaires antérieurs à la mise de l'immeuble dans le patrimoine du débiteur commun, l'inscription du privilége peut toujours avoir lieu, et à quelque moment qu'elle soit prise, elle rétroagira pour donner la priorité aux créanciers privilégiés ; mais à l'égard des créanciers hypothécaires postérieurs à l'aliénation de l'immeuble, le privilége dégénérant en simple hypothèque n'aura de rang qu'à la date du jour où il aura été inscrit (art. 2113). Voici quel était le motif de cette distinction : les créanciers qui ont traité avec le débiteur antérieurement à l'époque où un nouvel immeuble est entré dans son patrimoine, n'ont pas dû compter sur cette valeur nouvelle pour se faire payer, et en ce qui les concerne, il n'y a aucune espèce d'inconvénient à donner à l'inscription, quelque tardive qu'elle soit, un effet rétroactif. Mais les créanciers qui sont survenus ultérieurement, et alors que le privilége n'a pas encore été révélé, ont dû compter sur l'immeuble, et c'est seulement par suite de la confiance que cet immeuble leur a inspirée qu'ils ont consenti à prêter leurs deniers. En ce qui les touche, donc, l'aliénateur devra subir les conséquences de la clandestinité, sous peine de porter une atteinte funeste au crédit public.

Appliqué au privilége du vendeur, cette théorie conduisait au résultat suivant : quel que soit le moment auquel le vendeur transcrive le contrat, il pourra prévenir les créanciers ayant une hypothèque générale antérieure à la vente, par la raison qu'à l'époque où ils ont acquis leurs droits, ils n'ont pas dû compter sur l'immeuble dont le patrimoine de leur débiteur vient de s'accroître. Mais il verra passer avant lui les créanciers qui ont acquis des hypothèques sur l'immeuble postérieurement à la vente, et qui les ont fait inscrire avant la transcription de l'acte, car ceux-là seraient trompés si le vendeur pouvait leur être préféré.

La distinction qui précède repose sur une donnée fausse; il n'est pas exact de dire que les créanciers hypothécaires antérieurs à la vente, n'ont pas dû compter sur l'immeuble; cela est vrai, sans doute, si l'on se place à l'époque où leurs hypothèques ont pris naissance, mais cela n'est plus vrai si l'on se place au moment de la mutation. Alors, en effet, ils voient la fortune de leur débiteur s'augmenter par l'acquisition d'un nouvel immeuble; et comme cet immeuble entre dans le patrimoine de l'acheteur sans signe apparent qui fasse reconnaître le droit réel retenu par le vendeur, ils peuvent désormais s'endormir dans une fausse sécurité, et s'abstenir d'exercer des poursuites que sans cela ils auraient peut-être dirigées contre leur débiteur, et au moyen desquelles ils seraient peut-être parvenus à se faire payer. Mais si la distinction est fausse en principe, elle est aussi condamnée par les résultats pratiques auxquels elle vient aboutir : comment, en effet, dans ce système, colloquer les divers ayants droit? Voilà le vendeur qui va passer avant les créanciers hypothécaires antérieurs à la vente, lesquels passent avant les créanciers hypothécaires postérieurs, qui sont néanmoins préférés au vendeur lui-même; que devient alors la règle *si vinco vincentem te a fortiori te vincam?* Observons enfin que le vendeur pourra s'armer du droit de résolution vis-à-vis des créanciers hypothécaires qui le priment, et en conséquence leur enlever son privilége.

Un professeur de l'université de Louvain, M. Ernst, préoccupé de l'idée que le privilége du vendeur naissait, sous l'empire du Code, au moment même de la vente, qu'il devait en conséquence être rendu public à ce moment-là, mais qu'il ne pouvait plus l'être dans la forme pres-

crite par l'art. 2108, avait, en se fondant sur l'analogie, proposé d'admettre que celui qui avait l'intention de vendre un immeuble devait, antérieurement à la vente, prendre à l'avance une inscription destinée à conserver son privilége; de même
qu'avant le commencement des travaux, les créateurs de plus-value conservent le leur par l'inscription du premier procès-verbal (art. 2110).

C'était là faire la loi, ce n'était pas l'interpréter;
et puis, revenait toujours l'objection consistant à
dire que le privilége étant perdu par suite du
défaut d'inscription antérieurement à la vente, le
droit de résolution se trouvait néanmoins conservé.

M. Valette est le premier jurisconsulte qui,
pour expliquer l'art. 2106, l'ait rattaché à la loi
du 11 brumaire an VII, et qui, à l'aide des traditions historiques méconnues par les autres systèmes, ait donné le véritable sens de l'art. 2106.
Il a démontré, avec la clarté de l'évidence, que cette
disposition n'était autre chose que la reproduc-
tion de l'idée mère qui servait de base à la loi
du 11 brumaire an VII, en matière de priviléges
spéciaux sur les immeubles, seulement avec des
modifications nécessitées, soit par le désir de rendre encore plus clair, si c'était possible, l'art. 2 de
la loi de brumaire, soit par des exceptions nouvellement créées et qu'il fallait indiquer.

L'art. 2 précité se contentait, en effet, de dire
que l'inscription était nécessaire pour donner effet

aux priviléges spéciaux sur les immeubles; quant à la question de savoir à quelle époque cette inscription devait être prise pour assurer cet effet, elle n'était pas explicitement résolue; la solution s'induisait très-explicitement, il est vrai, des autres dispositions de la loi; mais enfin il fallait aller la chercher par voie de conséquence dans ces autres dispositions. Cette solution consistait en ce que les priviléges spéciaux sur les immeubles, pour se révéler aux tiers avec efficacité, devaient être rendus public au moment même de leur naissance; et nous savons avec quel bonheur elle avait mis en application cette idée à l'occasion du privilége du vendeur, ajoutons et à l'occasion du créateur de plus-value, les deux seuls priviléges spéciaux sur les immeubles qu'elle consacrât. Il ressort avec évidence des discussions qui, au conseil d'État, ont préparé la rédaction de l'art. 2106, que cet article a été calqué sur l'art. 2 de la loi de brumaire, et qu'il en a la signification. On y rencontre seulement deux additions, la première consistant dans ces mots *et à compter de la date de leur inscription,* la seconde dans ceux-ci *et sous les seules exceptions qui suivent;* la première ayant pour but de préciser davantage cette idée que la publicité des priviléges spéciaux sur les immeubles doit en accompagner la naissance, la seconde faisant surtout allusion à deux priviléges créés par le Code, à savoir le privilége des co-partageants et la séparation des patrimoines, si tant est que cette séparation soit un véritable privilége. Il était impossible, en effet, que le privilége des co-partageants et la séparation des patrimoines fussent assujettis, sous peine de dégénérer en une hypothèque simple, à une publicité contemporaine de leur naissance ; ils naissent, en effet, le jour du partage ou celui de la mort du défunt. Et il y avait évidente nécessité à fixer un certain délai, pendant lequel ils pourraient être inscrits. L'art. 2106 signifie donc qu'en règle générale, les priviléges spéciaux sur les immeubles doivent être rendus public au moment où ils naissent, mais que par exception le privilége du co-partageant et la séparation des patrimoines dérogent à cette règle générale, l'un devant être inscrit dans les soixante jours de l'acte de partage, l'autre dans les six mois de l'ouverture de la succession.

L'art. 2108, alors qu'il se rattachait à l'art. 91 du projet, n'était, en conséquence, qu'une application de la règle générale posée par l'art. 2106 ; avec cette seule différence que la mesure de publicité, au lieu de consister dans une inscription, consistait dans la transcription de l'acte de vente. L'art. 91 du projet ayant été supprimé, M. Valette en avait conclu que l'art. 2108 avait disparu lui aussi dans ce naufrage de la transcription, puisque sous l'empire du code Napoléon interprété par la jurisprudence et par l'avis du conseil d'État dont nous avons parlé, l'acheteur devenait propriétaire *erga omnes* par le seul effet de la vente. C'était à ce moment que naissait le privilége ; c'était donc à ce moment qu'il aurait dû être rendu public. Mais, d'une part, l'art. 2108 se trouvait implicitement abrogé ; d'autre part, la loi n'organisant dans aucune de ces dispositions une autre forme de publicité, la conséquence de tout cela était que le privilége du vendeur se conservait sans transcription et sans inscription. La mutation de propriété étant par la loi présumée connue des tiers sans qu'elle eut été rendue publique, il était logique de présumer que les mêmes tiers devaient connaître la clause portant que le prix n'est pas payé. Ce système avait sur celui de la jurisprudence l'avantage, en sacrifiant une publicité menteuse, de faire disparaître une mesure revêtue d'un caractère purement fiscal ; et il n'encourait pas le reproche de laisser subsister le droit de résolution quand le privilége était anéanti. Pour atténuer autant que possible les inconvénients attachés à cette clandestinité, M. Valette conseillait aux notaires d'insérer dans les actes de vente une clause portant que l'acheteur ne deviendrait propriétaire qu'au moment où il ferait transcrire. C'était par l'accord des parties la résurrection de la transcription législativement abrogée et de l'art. 2108. Du reste, à défaut d'une pareille convention, les inconvénients dont il s'agit étaient considérablement amoindris par la promulgation de dispositions légales postérieures : d'une part, l'article 834 du Code de procédure, dont nous aurons encore à parler, vint donner à la transcription une grande utilité, celle de faire courir au profit des tiers acquéreurs et contre les créanciers hypothécaires ou privilégiés un délai de quinzaine après lequel ils ne pourraient plus s'inscrire et auraient par suite perdu la faculté de surenchérir; d'autre part, la loi de finances du 28 avril 1816 vint enlever à l'acheteur l'intérêt qu'il pouvait avoir à ne pas faire transcrire, en permettant à la régie de percevoir le droit de transcription en même que le droit de mutation, bien que la transcription n'eut pas encore été faite.

§ 3. Loi du 23 mars 1855.

Quoi qu'il en soit, la loi du 23 mars 1855 est venue faire cesser toutes ces controverses. Sans nul doute, la loi nouvelle ne s'occupe pas du privilége du vendeur au point de vue du droit de préférence, elle s'en occupe seulement quant au droit de suite; mais en ressuscitant dans son art. 1 la nécessité de la transcription pour rendre l'acheteur propriétaire à l'égard des tiers, elle a donné une nouvelle vie à l'art. 2108, qui désormais se trouve rétabli dans son intégrité primitive : le vendeur, avec son privilége, va donc primer trois catégories de créanciers : 1° les créanciers de l'acheteur ayant une hypothèque générale antérieure à la transcription; 2° les créanciers hypothécaires de l'acheteur inscrits le jour de la transcription; 3° les créanciers hypothécaires de l'acheteur inscrits postérieurement.

Rapprochons maintenant ce résultat du principe de publicité tel que nous l'avons posé, et des trois règles que l'analyse nous a fait découvrir : le privilége du vendeur contient une dérogation à la règle suivant laquelle le rang de l'hypothèque est déterminé par la date de son inscription; il fait aussi exception à la détermination de la date de l'inscription par l'unité de jour, et en conséquence au principe formulé par l'art. 2147; enfin, il n'est pas assujetti à la spécialité de l'inscription, puisque sa publicité consiste dans la copie littérale de l'acte de vente au bureau des hypothèques, et que l'inscription d'office à prendre par le conservateur des hypothèques n'est pas nécessaire à la conservation des droits du vendeur.

Maintenant que nous avons indiqué le sens actuel de l'art. 2108, occupons-nous de son application, et traitons successivement de la transcription et de l'inscription d'office.

I. DE LA TRANSCRIPTION.

Nous verrons : 1° à quelle époque la transcription doit, au plus tard, avoir lieu; 2° quelles sont les créances qu'elle conserve.

1° *A quelle époque la transcription peut-elle être faite?* L'art. 2108 suppose que c'est l'acheteur qui transcrit. Son intérêt répond, à cet égard, de sa diligence; car tant qu'il ne sera pas devenu propriétaire à l'égard des tiers, il pourra se voir enlever l'immeuble par des aliénations ultérieures, ou le voir considérablement amoindri dans sa valeur par des constitutions de droits réels de la part du vendeur. Quant à celui-ci, au premier abord, il semble qu'il n'ait aucune espèce d'intérêt à faire opérer lui-même la transcription, et qu'en cas de négligence de la part de l'acheteur il n'ait rien à craindre pour son privilége. En effet, bien que l'acheteur consente une hypothèque sur l'immeuble, et que le créancier hypothécaire se hâte de s'inscrire, à quelque époque que l'acheteur transcrive plus tard, le vendeur conservera son droit de préférence; l'inscription hypothécaire dont il s'agit ne pourra lui être opposée, car le créancier qui l'a prise a eu tort de traiter avec l'acquéreur, sans s'être préalablement informé si la vente avait été ou non rendue publique. Cependant le vendeur s'endormirait ainsi dans une fausse sécurité: il peut arriver un moment où l'acheteur tombe en faillite, ou bien encore il peut se faire que l'acheteur vienne à mourir et que sa succession soit acceptée sous bénéfice d'inventaire. L'un ou l'autre de ces événements, qui arrêtent le cours des inscriptions, ne va-t-il pas enlever au vendeur la faculté d'assurer la conservation de son privilége par la transcription? Nous pensons qu'en effet il encourra déchéance si, avant que la transcription ait eu lieu, l'acheteur fait faillite ou laisse des héritiers bénéficiaires.

La transcription valant inscription, aux termes mêmes de l'art. 2108, doit sans doute être traitée aussi favorablement qu'une inscription, mais ne doit pas jouir d'un avantage dont une inscription ne jouirait pas. On ne saurait objecter que l'acheteur, n'ayant pas fait transcrire, n'est pas devenu propriétaire à l'égard des tiers, et par conséquent à l'égard de la masse; de telle sorte que si on enlève au vendeur l'exercice de son privilége, il lui restera toujours la faculté de revendiquer. Faire une semblable objection, ce serait se méprendre sur la véritable signification de la règle que la transcription est nécessaire pour assurer la mutation de propriété à l'égard du public. Oui, le vendeur est resté propriétaire; mais vis-à-vis de qui? Vis-à-vis de ceux avec lesquels il pourra traiter ultérieurement, en ce sens qu'il pourra leur conférer des droits réels opposables à l'acheteur et aux ayant-cause de ce dernier. Mais l'acheteur est devenu propriétaire vis-à-vis du vendeur, seulement, celui-ci a retenu un privilége qu'il pourra exercer, à la condition de se mettre en règle avant que l'une des époques fatales dont nous avons parlé ne l'empêche. Ainsi, lorsque le vendeur s'aperçoit de la négligence de l'acheteur, il a très-grand intérêt à prendre les devants et à faire transcrire lui-même. Seulement, la question pourra se présenter de savoir si, au lieu d'une transcription, il pourra requérir une simple inscription. Nous n'hésitons pas à nous prononcer dans le sens de l'affirmative, et cela par un argument *a fortiori* que nous formulons de la manière suivante : La transcription est sans aucun doute une mesure de publicité, mais il faut convenir qu'elle est moins efficace qu'une inscription. Cela résulte de la nature même des deux formalités. La transcription est la copie littérale de l'acte de vente, et les clauses qui indiquent le privilége peuvent se trouver au milieu d'une foule d'autres, parmi lesquelles il faut savoir les démêler. L'inscription est quelque chose de beaucoup plus simple : c'est la pure énonciation des éléments substantiels que les tiers ont intérêt à connaître. Si donc le vendeur peut conserver son privilége par une transcription, à plus forte raison peut-il le faire par une inscription. Nous nous laissons fort peu toucher par cette considération que nul ne peut s'inscrire sur soi-même; le vendeur, en effet, dans les circonstances que nous supposons, ne prend pas inscription sur son propre immeuble, il a cessé d'en être propriétaire à l'égard de l'acheteur par le seul effet de la vente.

Voici donc la doctrine qui résulte de ce qui précède : la plupart du temps la transcription sera faite par l'acheteur; si elle ne l'est pas, le vendeur a grand intérêt, soit à faire transcrire, soit à prendre une inscription, pour la conservation de son privilége, en prévision de la faillite de l'acheteur ou de l'acceptation de sa succession sous bénéfice d'inventaire.

2° *Quelles sont les créances privilégiées conservées par la transcription?* Nous avons déjà recherché quelles étaient les créances assurées par le privilége du vendeur. La question qui va nous occuper est toute différente : il s'agit de savoir comment ces créances doivent être indiquées dans l'acte destiné à les porter à la connaissance des tiers, et dans quelle mesure elles sont ainsi conservées par la publicité qui leur est donnée.

Il n'y a pas de difficulté en ce qui touche la somme d'argent constituant le capital du prix. Il n'y en a pas non plus relativement aux autres charges que la vente impose à l'acheteur. De deux choses l'une : ou ces charges auront été évaluées dans l'acte de vente, et alors le privilége sera conservé par la transcription jusqu'à concurrence de cette évaluation ; ou bien ces créances seront restées indéterminées, et il n'y aura dans l'acte aucun élément de détermination, et alors le privilége sera perdu.

Mais les choses ne se présentent plus aussi simplement, lorsqu'il s'agit de savoir dans quelle limite

les intérêts du prix sont conservés par la transcription. Le vendeur doit-il être colloqué pour tous les
intérêts qui peuvent lui être dus, et peut-il répu-
dier l'application de l'art 2151 ; ou bien au contraire n'a-t-il le droit d'être colloqué quant aux intérêts que pour deux années et l'année courante au
même rang que pour son capital, conformément à
l'art. 2151 précité? L'opinion dominante en jurisprudence et en doctrine, c'est que l'art. 2151 ne
s'applique pas au privilége du vendeur, et qu'il
faut en restreindre la portée aux hypothèques simples. Les arguments principaux à l'aide desquels on
cherche à justifier ce système sont au nombre de
deux : d'abord, dit-on, les intérêts sont l'accessoire
du capital et doivent avoir le même sort que lui, à
moins qu'il ne soit dérogé à cette règle générale par
une disposition expresse de la loi. Or les rédacteurs
du Code ont bien fait exception à l'adage *accessorium
sequitur principale,* mais dans le cas seulement où il
s'agit d'une hypothèque. Il faut donc rentrer dans
le droit commun, toutes les fois qu'on se trouve en
présence d'un privilége. A cette considération générale vient se joindre un argument de texte :
après avoir formulé cette idée que le créancier inscrit pour un capital produisant intérêts ou arré-
rage a droit d'être colloqué pour deux années seulement et pour l'année courante au même rang
d'hypothèque que pour son capital, l'art. 2151
ajoute : « Sans préjudice des inscriptions particu-

lières à prendre, portant hypothèque à compter de leur date, pour les arrérages autres que ceux conservés par la première inscription. » Ainsi, les inscriptions particulières dont parle la loi ne conservent qu'à compter de leur date les intérêts dus pour plus de deux années et de l'année courante. Il y a là quelque chose de contraire à la nature même du privilége, qui a précisément pour attribut de n'être pas déterminé quant à son rang par la date d'une inscription mais par la qualité de la créance.

Nous ne partageons pas cette opinion : que les accessoires suivent en règle générale le sort du principal, et que, pour déroger à cette règle, il faille une exception formelle, nous en tombons d'accord, mais nous soutenons que cette exception expresse se rencontre précisément dans l'article 2151, qui, suivant nous, a trait non-seulement aux hypothèques simples mais encore aux priviléges. Dans le langage même employé par le législateur, les priviléges spéciaux sur les immeubles sont des hypothèques privilégiées, la preuve en est dans l'art. 2113, suivant lequel les priviléges dégénèrent en hypothèques simples, lorsqu'ils ne sont pas rendus publics dans le temps fixé. Le mot hypothèque qui se trouve dans l'art. 2151 embrasse donc et les hypothèques simples et les hypothèques privilégiées, avec d'autant plus de raison qu'il se trouve placé sous la rubrique du chapitre IV :

Du mode de l'inscription des priviléges et hypothèques.
Il n'est pas rare, du reste, de voir le législateur,
après avoir énoncé dans une rubrique qu'il parle-
rait des priviléges et des hypothèques, ne parler
expressément, dans la disposition particulière du
chapitre, que des hypothèques, parce qu'il sait
que c'est là un mot général qui lui permet d'abré-
ger. C'est ainsi que le chapitre VI est intitulé : *Des
priviléges et hypothèques contre les tiers détenteurs;* et
cependant il est impossible, dans les articles sub-
séquents, d'en rencontrer un seul où le privilége
soit textuellement placé sur la même ligne que
l'hypothèque.

En concluera-t-on que les priviléges spéciaux
sur les immeubles sont dénués du droit de suite?
Et si cette conséquence est impossible, comment
serait-elle plus autorisée dans la matière qui nous
occupe? Mais, dit-on, il y a dans l'art. 2151 des
expressions qui doivent nous faire interpréter le
mot *hypothèque* dans le sens restreint d'hypothèque
simple; ce sont les mots, *et à compter de la date des
inscriptions particulières que le créancier peut prendre.*
Cette objection de texte porte à faux : lorsque les
intérêts du prix de vente seront dus pour plus de
deux ans et pour l'année courante, nous n'éprou-
vons aucune répugnance à décider que le privilége
du vendeur dégénère en hypothèque simple pour
les intérêts qui dépassent les limites de temps indiqué par l'art. 2151, et que les inscriptions par-

ticulières qu'il peut prendre ne conservent ces intérêts qu'à compter de la date du jour où elles ont eu lieu. La dégénérescence de l'hypothèque privilégiée en une hypothèque simple n'est pas un fait tellement étrange dans notre droit qu'on ait lieu d'en être étonné ici. Cette dégénérescence qui s'explique par l'intérêt des tiers, dans l'hypothèse prévue par l'art. 2113, s'explique aussi par la même considération dans l'espèce dont il s'agit dans l'art. 2151. Quel est le but de cette disposition? C'est d'éviter que le créancier ne laisse les intérêts s'accumuler outre mesure, et qu'une indulgence excessive de sa part pour le débiteur ne soit en réalité un piége à la bonne foi des tiers. Si, d'un côté, ceux-ci ne peuvent exiger que le créancier se montre rigoureux à outrance, ils peuvent d'un autre côté légitimement compter que le créancier ne sera pas indulgent au delà de toute prévision ; et le législateur prenant un terme moyen entre les deux extrêmes, assure aux intérêts le même rang qu'au capital, mais seulement lorsqu'ils sont dus pour deux années et l'année courante. Aller au delà serait tromper les tiers, et porter atteinte au crédit public. Ces considérations s'appliquent dans toute leur force, soit qu'il s'agisse d'une hypothèque simple, soit qu'il s'agisse d'une hypothèque privilégiée, et nous ne croyons pas devoir distinguer là où nous croyons que la loi elle-même ne distingue pas.

II. DE L'INSCRIPTION D'OFFICE.

L'inscription d'office est la dernière mesure dont parle l'art. 2108. Nous savons que cette mesure a pour but la bonne tenue du registre des inscriptions, et une plus grande publicité à donner au privilége du vendeur dans l'intérêt des tiers. Mais nous savons aussi qu'elle n'est pas nécessaire à la conservation du privilége, et que si les tiers ont été trompés faute de l'inscription d'office, il n'y aura lieu qu'à un simple recours de leur part contre le conservateur des hypothèques. De là il faut tirer une conséquence, c'est que les lacunes de l'inscription d'office ne sauraient préjudicier au vendeur ; si le conservateur a laissé s'y glisser des inexactitudes telles qu'elles vicieraient une inscription ordinaire, le privilége du vendeur n'en serait pas moins conservé. Si le défaut absolu d'inscription ne nuit pas au privilége alors que la transcription a eu lieu, à plus forte raison faut-il en dire autant des simples omissions qui peuvent se présenter dans l'inscription. Mais nous n'admettrons pas avec certains auteurs qu'une inscription d'office régulière et conforme en tout aux prescriptions de l'art. 2148 ne puisse couvrir les vices de la transcription ; si dans l'acte transcrit la créance du vendeur était restée indéterminée et que dans l'inscription d'office le conservateur eut fait lui-même une évaluation approximative, nous pensons que les tiers qui auraient traité avec l'acheteur ne pourraient se prévaloir de l'indétermination qui existe dans la transcription. L'inscription d'office est précisément destinée à mettre le plus possible en relief les clauses de la vente qui peuvent intéresser le public, et dissiper les obscurités que rend possibles la transcription seule. De quoi les tiers pourraient-ils se plaindre? Ils ont dû consulter à la fois et le registre des transcriptions et celui des inscriptions qui leur a révélé ce que l'autre pouvait leur cacher.

Pour échapper à la responsabilité que lui impose l'art. 2108, le conservateur des hypothèques ne peut arguer de ce que, la loi n'ayant pas fixé de délai dans lequel l'inscription d'office doive être prise, il est toujours à temps de la faire. Si les rédacteurs n'ont pas fixé un délai, c'est qu'ils ont entendu assujettir le conservateur à l'obligation d'inscrire d'office le privilége le jour même de la transcription. Les tiers qui, postérieurement à ce jour, viennent demander un certificat des transcriptions et un certificat des inscriptions, doivent croire que l'inscription d'office a eu lieu; s'ils ont été trompés, c'est la faute de l'officier public qui a manqué aux prescriptions de la loi.

Le conservateur ne saurait arguer non plus de ce que les tiers ne sont venus puiser des renseignements que dans le registre des inscriptions; il ne peut se défendre en disant que, s'ils avaient consulté le registre des transcriptions, ils auraient eu connaissance du privilége; car les tiers sont fondés à répondre qu'ils ont pu se dispenser, que le registre des inscriptions était complet et régulièrement tenu, et que leur erreur sur ce point vient d'une faute lourde commise par le conservateur, dont lui-même doit supporter la responsabilité.

Le conservateur serait encore responsable si les tiers avaient été trompés parce qu'il n'aurait pas rempli les formalités prescrites par l'art. 2148 pour les inscriptions ordinaires. Notons, en passant, que si, dans l'inscription d'office, le conservateur avait élu domicile pour le compte du vendeur, les notifications destinées à avertir celui-ci d'avoir à produire dans un ordre ultérieurement ouvert, devraient lui être adressées à son domicile réel. La loi, nulle part, ne lui impose l'obligation d'aller au bureau des hypothèques pour s'informer si le conservateur n'a pas élu domicile pour lui. Il est donc autorisé à ignorer le domicile élu, et doit s'attendre à recevoir les notifications dont il s'agit à son domicile réel.

Mais l'inscription d'office doit-elle être renouvelée au bout de dix ans, aux termes de l'art. 2154? Puisque cette inscription elle-même n'est pas indispensable à la conservation du privilége du vendeur, comment en serait-il autrement du renouvellement décennal? Il y a un point bien certain, c'est que le conservateur des hypothèques n'est plus tenu, sous sa responsabilité personnelle vis-à-vis des tiers, d'opérer ce renouvellement. Il en est formellement dispensé par un avis du conseil d'État du 22 janvier 1808. C'est qu'en effet c'eût été sans raison qu'on l'eût contraint à une surveillance incessante relativement à l'expiration des dix ans, au bout desquels les inscriptions doivent être renouvelées. C'est donc le vendeur qui aura lui-même le soin, s'il le veut, d'opérer le renouvellement. Mais y est-il contraint pour la conservation de son privilége? Nous ne le pensons pas; le doute pourrait au premier abord se tirer des termes de l'avis du conseil d'État précité, ainsi conçu : « Lorsque l'inscription a dû être faite d'office par le conservateur, elle doit être renouvelée par le créancier qui a intérêt. » Mais cette raison de douter disparaît quand on connaît le but que se proposait le conseil d'État. Sa préoccupation unique était d'affranchir le conservateur des hypothèques de toute responsabilité pour défaut de renouvellement; c'est en ce sens qu'il disait que l'inscription devait être renouvelée par le créancier ayant intérêt, autrement dit, qu'elle ne devait pas l'être par le conservateur.

SECTION DEUXIÈME.

Du droit de suite.

La conservation du droit de suite, comme celle du droit de préférence, a parcouru des phases diversés, suivant que l'on se place sous l'empire de la loi du 11 brumaire an VII, de l'art. 2166 du code Napoléon, de l'art. 834 du code de procédure, enfin de la loi du 23 mars 1855.

§ 1. Loi du 11 brumaire an VII.

Les hypothèques et les priviléges devaient, quant au droit de suite, être rendus publics avant que l'immeuble ne sortît définivement et complétément du patrimoine du débiteur, pour entrer dans le patrimoine d'un tiers acquéreur. En ce qui touche le privilége du vendeur, le mécanisme était bien simple : tant que le premier achéteur n'avait pas fait transcrire, il ne pouvait, soit par dés constitutions de droits réels, soit par des aliénations, nuire au privilége; et lorsqu'il avait transcrit, il avait rendu le privilége public, pour la conservation du droit de suite comme pour celle du droit de préférence; de telle sorte que le vendeur n'avait rien à faire pour la conservation de son privilége envisagé sous ce double aspect.

§ 2. Art. 2166 du Code Napoléon.

Il est ainsi conçu : « Les créanciers ayant privilége ou hypothèque inscrite sur un immeuble, le suivent en quelque main qu'il passe, pour être colloqués et payés suivant l'ordre de leurs créances et inscriptions. » Ainsi, l'art. 2166 avait suivi les errements de la loi de brumaire ; seulement, s'élevait la question de savoir si l'adjectif *inscrite* ne se référait qu'à l'hypothèque ou s'appliquait aussi au privilége. Il était généralement reconnu qu'il s'appliquait aux deux, et que le droit de suite était perdu pour le privilége comme pour l'hypothèque, faute d'une inscription antérieure à l'aliénation. En ce qui concerne plus spécialement le privilége du vendeur, lorsque l'on prenait pour point de départ la pensée primitive des rédacteurs du Code, à savoir la nécessité de la transcription proclamée par l'art. 91 du projet, on pouvait raisonner comme sous l'empire de la loi de brumaire. Deux hypothèses étaient possibles : ou bien le premier acquéreur faisait transcrire avant de revendre, et cette transcription valant inscription, le vendeur n'avait pas à s'inquiéter de prendre inscription pour sauvegarder son droit vis-à-vis des sous-acquéreurs; ou bien l'acheteur primitif revendait sans avoir fait transcrire, et alors il ne pouvait, par cette aliénation, porter aucune atteinte au privilége. Mais l'art. 91 du projet ayant été supprimé, et l'aliénation se trouvant consommée d'une manière absolue, suivant la jurisprudence des tribunaux et l'avis précité du conseil d'État, par le seul effet de la vente, que fallait-il décider? M. Valette soutenait que le privilége du vendeur se maintenait sans publicité pour le droit de suite comme pour le droit de préférence : Dès le moment, disait-il, que la vente est réputée connue des tiers sans transcrip-

tion, cette présomption existe tout aussi bien à l'é-
gard de ceux qui achètent du premier acquéreur
que de ceux auxquels il concède de simples droits
réels. Mais, d'autres personnes, partant de cette
idée que les tiers acquéreurs, dans le système général de notre Code, sont plus favorablement traités que de simples créanciers hypothécaires, et
cela dans l'intérêt de la libre circulation des biens,
en concluaient que le vendeur était déchu du droit
de suite, s'il n'était inscrit antérieurement à la vente
conformément à l'art. 2166.

§ 3. Art. 834 du Code de procédure.

Suivant cette disposition, les créanciers ayant
un privilége ou une hypothèque soumise à l'inscription, peuvent indéfiniment s'inscrire tant que
leur débiteur n'a pas aliéné. Ils le peuvent encore
après l'aliénation, tant que l'acquéreur n'a pas
transcrit. Ils le peuvent enfin dans un délai de
quinzaine à partir de la transcription. Telle est la
règle générale. Cette innovation, introduite dans
la législation par le Code de procédure, a été
expliquée dans le sein du conseil d'État par un
motif apparent qui n'est pas le véritable. On a dit:
Si l'on ne donne pas aux créanciers hypothécaires
ou privilégiés un certain délai pour s'inscrire, et
que leur droit de suite soit perdu faute d'une inscription antérieure à l'aliénation, la porte est ouverte à la fraude, celui qui a constitué l'hypo-

thèque ou du chef duquel vient de prendre naissance un privilége, pouvant, par une aliénation
immédiate consentie avant que ses créanciers
aient eu le temps de s'inscrire, leur faire encourir
déchéance. Ce danger signalé au conseil d'État
n'était vraiment pas sérieux : dans le cas d'une
fraude si évidente, il restait au créancier la ressource de l'action Paulienne, et à supposer que la
crainte manifestée par le législateur ne fût pas
chimérique, il n'était pas nécessaire, pour parer à
l'inconvénient, de recourir au remède imaginé par
l'art. 834 du Code de procédure; il suffisait de
donner aux créanciers hypothécaires ou privilégiés, pour prendre leur inscription, un certain délai à partir de la constitution d'hypothèque ou de
la naissance du privilége; il n'était pas besoin de
leur laisser une latitude indéfinie tant que la transcription de l'aliénation n'avait pas été opérée et
encore un délai de quinzaine après cette transcription. Il faut reconnaître que l'art. 834 a été dicté
par un motif purement fiscal. Dès le moment où
il fut reconnu que la transcription n'était pas nécessaire pour transférer la propriété à l'égard des
tiers, les acquéreurs ne firent plus transcrire, et le
trésor public y perdit des droits considérables.
C'est dans ces circonstances que le conseil d'État
fut saisi par l'empereur Napoléon 1er de la question
de savoir si l'on ne pouvait pas trouver une utilité
quelconque à la transcription, et c'est alors que fut

imaginé le moyen formulé dans l'art. 834 du Code de procédure. La transcription eut désormais l'avantage de faire courir contre les créanciers hypothécaires ou privilégiés un délai de quinzaine après lequel ils ne pouvaient plus s'inscrire.

Quoi qu'il en soit, la règle générale que nous venons d'indiquer recevait exception en ce qui touche le privilége du vendeur et celui du copartageant : « *Sauf*, ajoutait l'art. 834, *les droits résultant au vendeur et aux héritiers des art.* 2108 *et* 2109. » Nous n'avons à nous occuper que de l'exception relative au privilége du vendeur. Des difficultés s'étaient élevées dans la jurisprudence et dans la doctrine, pour savoir quelle était la portée de cette dérogation. Suivant la jurisprudence, le vendeur, pour conserver son droit de suite, devait faire transcrire son acte de vente dans la quinzaine de la transcription de la revente ; et quand on objectait à la jurisprudence qu'elle détruisait l'exception pour faire rentrer le vendeur dans la règle générale, elle répondait : 1º que la dérogation à ses yeux consistait dans la faculté de transcrire substituée à la nécessité de s'inscrire ; 2º que le droit de suite étant perdu faute d'une transcription dans la quinzaine, le droit de préférence était conservé. Suivant M. Valette, l'art. 2108 ayant été implicitement abrogé, le renvoi qu'y faisait l'art. 834 était sans objet, et le privilége du vendeur se conservait sans publicité à l'égard du droit de suite comme à l'égard du droit de préférence. Cependant, M. Valette proposait un moyen pour donner une application à l'art. 2108 combiné avec l'art. 834 du Code de procédure. Sous l'empire de cette dernière disposition, on discutait la question de savoir si pour faire courir le délai de quinzaine contre les créanciers de tous les précédents vendeurs, le dernier acquéreur était obligé de faire transcrire non-seulement son propre contrat, mais encore les contrats de tous les précédents vendeurs. Nous aurons l'occasion de voir que la même question se pose sous l'empire de la loi nouvelle, seulement dans un autre sens : il s'agit aujourd'hui, non plus d'une simple mise en demeure, mais d'une déchéance pure et simple à faire encourir aux créanciers. Quoi qu'il en soit, M. Valette soutenait qu'en faisant transcrire son contrat seulement, le dernier acquéreur mettait en demeure les créanciers de son vendeur à lui, mais nullement les créanciers des vendeurs antérieurs. En pratique donc, le dernier acheteur devait être amené à transcrire tous les contrats précédents, et à révéler ainsi lui-même les privilèges de tous les vendeurs; de telle sorte que, toutes ces transcriptions valant inscription, les privilèges dont il s'agit n'auraient nul besoin d'être rendus publics par une inscription prise dans la quinzaine fixée par l'art. 834 du Code de procédure.

§ 4. Loi du 23 mars 1855.

Les formalités à remplir par les créanciers pour
conserver leur droit de suite sont indiquées dans
l'art. 6. Cette disposition contient une règle générale et deux exceptions : la règle générale,
c'est que les créanciers ayant hypothèque ou
privilége peuvent s'inscrire tant que le tiers acquéreur n'a pas fait transcrire l'acte d'aliénation,
et ne le peuvent plus à une époque ultérieure.
Les rédacteurs de la loi nouvelle sont donc re-
venus, en principe, aux traditions de la loi du
11 brumaire an VII. La transcription n'est plus,
comme sous l'empire de l'art. 834 du Code de
procédure, une simple mise en demeure adressée aux créanciers, d'avoir à s'inscrire dans le
délai de quinzaine. Elle les forclot et leur fait
encourir déchéance. Nous n'aurions pas à nous
occuper maintenant de la règle générale énoncée en l'art. 6, si elle ne soulevait une question
relative aux créanciers hypothécaires de plusieurs
vendeurs successifs, et dont la solution importe
à l'exacte intelligence de la loi. Cette question,
nous l'avons déjà indiquée, c'est celle de savoir si en cas de plusieurs ventes successives
d'un même immeuble, le dernier acquéreur qui
voudra enlever aux créanciers hypothécaires de
tous les précédents vendeurs le droit de s'inscrire, sera obligé de faire transcrire non-seu-

lement son propre contrat, mais encore tous les contrats antérieurs. Trois opinions se sont formées sur ce point.

Suivant la première, le dernier acheteur n'est obligé de faire transcrire que son propre contrat. Nous n'avons pas besoin de dire que nous repoussons cette solution, comme contraire aux principes du droit et à l'esprit de la loi du 23 mars 1855. Elle viole tout d'abord cette règle de bon sens que nul ne peut transmettre à autrui plus de droit qu'il n'en a lui-même. Voilà Primus qui vend un immeuble à Secundus; si Secundus veut enlever aux créanciers hypothécaires de Primus le droit de s'inscrire, il est obligé de faire transcrire son contrat de vente, sans quoi ils conservent indéfiniment la faculté de prendre une inscription. S'il vient à revendre à Tertius, sans avoir fait transcrire; Tertius, qui se contentera de requérir la transcription de son acte à lui, opérera bien la forclusion des créanciers hypothécaires de Secundus; mais comment aurait-il le droit de forclore les créanciers hypothécaires de Primus, sans faire ce que Secundus lui-même aurait été obligé de faire? Nous ajoutons qu'une pareille interprétation de la loi méconnaît directement son esprit. Qu'a voulu le législateur? Que les créanciers hypothécaires du vendeur fussent avertis, par la transcription, de la vente qui a été consentie par leur débiteur, qu'il n'était plus à temps de s'inscrire. Comment cet avertissement pourrait-il leur être donné par la transcription seule de la revente? Lorsqu'ils iront consulter le conservateur des hypothèques, pour lui demander si leur débiteur est toujours propriétaire de l'immeuble sur lequel ils ont hypothèque, ils recevront nécessairement une réponse affirmative, le conservateur ne trouvant aucune transcription au nom de Primus sur ses registres.

Les deux raisons capitales que nous venons d'invoquer servent aussi à réfuter un système intermédiaire qui se contente de la transcription de la dernière revente, toutes les fois que cette revente contient l'indication des mutations précédentes. Et nous croyons, en conséquence, que le dernier acquéreur, s'il veut se débarrasser de toutes les hypothèques existantes du chef des vendeurs précédents, devra faire transcrire la vente primitive et toutes les reventes.

Arrivons maintenant aux exceptions : elles concernent le privilége du vendeur et celui du copartageant. La transcription de la revente consentie par l'acheteur primitif, ou de la vente consentie par l'un des copartageants, n'efface pas à elle seule le privilége, par le motif qu'il n'a pas été inscrit antérieurement à elle. Il faut qu'à la transcription vienne se joindre cette autre circonstance qu'il s'est écoulé plus de quarante cinq jours depuis l'acte de vente ou l'acte de partage. Nous avons à faire l'application de l'art. 6 en ce qui touche le privilége du vendeur dans les deux hypothèses que voici.

Première hypothèse. Primus a vendu un immeuble à Secundus, Secundus a fait transcrire la vente, et ensuite a revendu l'immeuble à Tertius qui, de son côté, a fait transcrire la revente. Si dans les quarante-cinq jours de la première vente, le conservateur des hypothèques a pris l'inscription d'office en vertu de l'art. 2108, il est bien clair que le premier vendeur n'a rien à faire pour conserver son privilége. Ce privilége a été révélé au sous-acquéreur par une double publicité, celle résultant de la transcription et celle résultant de l'inscription d'office. Une inscription nouvelle, prise à la requête du vendeur, serait complétement inutile. Mais supposons que le conservateur des hypothèques ait omis l'inscription d'office; la transcription de la première vente qui valait inscription à l'égard du droit de préférence vaudra-t-elle également inscription à l'égard du droit de suite? Ou bien faudra-t-il que, dans les quarante-cinq jours de l'acte de vente, le premier vendeur s'inscrive sous peine de perdre son privilége? Le doute pourrait surgir d'une double considération : d'abord une considération de texte, l'art. 6 parlant d'une inscription et nullement d'une transcription; ensuite une considération tirée de l'esprit général du Code Napoléon : on ne saurait méconnaître, en effet, que dans l'in-

térêt de la libre circulation des biens, les rédacteurs
du Code aient accordé aux tiers acquéreurs des
droits qu'ils ont refusés à de simples créanciers hypothécaires; et l'on pourrait dire qu'introduisant
au profit des tiers acquéreurs une faveur nouvelle,
la loi du 23 mars 1855, pour assurer au privilége
du vendeur une publicité plus grande, ne s'est pas
contentée de la transcription quant au droit de
suite, comme l'art. 2108 s'en est contenté quant au
droit de préférence. Nous pensons néanmoins que
la transcription vaut inscription, et à l'égard du
droit de préférence, et à l'égard du droit de
suite. L'art. 6 parle, il est vrai, d'une inscription, mais c'est parce que le législateur a voulu
réunir dans une seule et même disposition la dérogation au droit commun concernant le privilége du vendeur et celle concernant le privilége
des copartageants; et que, pour ces derniers, il ne
pouvait être question d'une transcription. Du reste,
il a été formellement dit, dans la discussion, que
dans le cas où le premier acheteur aurait fait transcrire avant de revendre, le vendeur n'aurait rien à
faire pour la conservation de son privilége. Nous
ne méconnaissons pas la tendance de notre Code à
mettre l'intérêt des tiers acquéreurs au-dessus de
celui des créanciers hypothécaires; mais, du moins,
ne faut-il admettre de semblables différences que
dans les cas consacrés par une disposition formelle
de la loi.

Deuxième hypothèse. Primus a vendu un immeuble à Secundus, celui-ci n'a pas fait transcrire et a revendu l'immeuble à Tertius. Si ce dernier fait transcrire non-seulement son propre contrat, mais encore celui de Secundus (et nous avons vu plus haut qu'il y avait un puissant intérêt), on rentre dans l'hypothèse précédente; car Tertius ayant pris lui-même le soin de mettre en lumière le privilége de Primus, il est encore vrai de dire que celui-ci n'a pas à se préoccuper de la conservation de son droit. Mais si Tertius se contente de faire transcrire son propre contrat, qu'adviendra-t-il? Primus devra s'inscrire dans les quarante-cinq jours de son acte de vente, faute de quoi le droit de suite sera perdu pour lui. Cette disposition de la loi nouvelle a soulevé deux critiques. La première, prenant pour point de départ l'idée que le dernier acquéreur doit faire transcrire tous les contrats antérieurs pour enlever aux créanciers hypothécaires le droit de s'inscrire, consiste à dire que, dans notre espèce, le contrat de Secundus n'étant pas transcrit, les créanciers de Primus conserveront indéfiniment le droit de s'inscrire, alors que Primus lui-même aura perdu son privilége faute de s'être inscrit dans les quarante-cinq jours déterminés par l'art 6. Ce résultat peut parfaitement s'expliquer : les créanciers hypothécaires de Primus qui veulent savoir s'ils sont encore à temps de s'inscrire iront demander au conservateur des hypothèques un certificat de transcription du chef de Primus; la vente consentie par Primus à Secundus y sera nécessairement omise, et les créanciers seraient inévitablement trompés par le défaut de publicité résultant de ce que Tertius a fait transcrire son propre contrat seulement. Au contraire, Primus qui veut savoir s'il est encore dans le délai, pour inscrire son privilége, demandera un certificat de transcription du chef de Secundus. La vente consentie par Secundus à Tertius y figure, et Primus sera bien et duement averti. La différence entre les créanciers hypothécaires de Primus et Primus lui-même se conçoit donc aisément. Les idées qui précèdent fournissent la solution dans une autre combinaison que voici : nous nous plaçons toujours dans la même hypothèse, avec cette modification seulement que Primus, après avoir laissé écouler les quarante-cinq jours à partir de l'acte de vente, constitue des hypothèques sur l'immeuble. Il ne s'agit donc plus ici des créanciers dont l'hypothèque est antérieure à la vente passée entre Primus et Secundus, mais qui seulement ne se sont pas encore inscrits; il s'agit de créanciers auxquels hypothèque a été conférée postérieurement à ladite vente. Nous disons que, si ces créanciers s'inscrivent avant que Tertius ait inscrit le contrat intervenu entre Primus et Secundus, bien qu'il ait transcrit le sien propre, ils exerceront le droit de suite, alors cependant que Primus lui-même ne pourra plus l'exercer. Tout d'abord, quant à la validité de l'hypothèque, elle ne paraît pas être susceptible de doute. Le contrat de Primus et de Secundus n'ayant pas été transcrit, Primus est resté propriétaire vis-à-vis des tiers avec lesquels il pouvait traiter plus tard. Et en ce qui touche l'inscription, il n'est pas douteux non plus qu'elle ne soit utilement prise, quand celle du vendeur ne peut plus l'être : les créanciers dont il s'agit ayant demandé au conservateur un certificat des transcriptions du chef de Primus n'ont pu être avertis, par certificat, du contrat de Primus et de Secundus; tandis que si Primus a demandé un certificat de transcription du chef de Secundus, il a été averti que Tertius était devenu propriétaire, et que, pour conserver son privilége, il devait l'inscrire dans les quarante-cinq jours de son acte de vente.

La deuxième critique consiste à s'étonner que Primus perde son privilége, s'il ne s'inscrit pas dans les quarante-cinq jours de son acte de vente, par cela seul que Tertius aura transcrit. Considérant cette innovation de la loi du 23 mars 1855 en elle-même, on dit : Comment se fait-il que Secundus ait pu transférer à Tertius plus de drois qu'il n'en avait lui-même. Secundus était propriétaire à l'égard du vendeur seulement, et encore sous la déduction du privilége de ce dernier.

Qu'est-ce que Tertius a fait transcrire? le droit qui lui a été cédé par Secundus, c'est-à-dire une mutation de propriété purement relative, et toujours sous la réserve du privilége de Primus. Procédant ensuite par comparaison, on ajoute que si, au lieu de consentir une aliénation, Secundus avait simplement créé sur l'immeuble des hypothèques, les créanciers hypothécaires auraient eu beau s'inscrire et Primus laisser écouler un délai quelconque sans s'inscrire lui-même, il aurait conservé vis-à-vis d'eux ses droits complétement intacts. Pourquoi donc traiter autrement les aliénations et les simples constitutions de droits réels?

Ces critiques sont-elles bien fondées? Et d'abord, l'acheteur transfère-t-il au sous-acquéreur plus de droits qu'il n'en a lui-même? il est vrai que l'acheteur, tant qu'il n'a point fait transcrire, ne peut pas se dire propriétaire à l'égard des tiers. Quels tiers? ceux qui viendront à traiter avec le vendeur; mais il est propriétaire vis-à-vis de ce dernier; seulement l'immeuble est affecté entre ses mains d'un privilége. Lorsqu'il revend, il transmet les droits dont il se trouve lui-même investi, c'est-à-dire la propriété relative dont nous venons de parler. Il y a désormais deux droits en présence, le privilége du vendeur et la propriété transmise au sous-acquéreur dans les conditions dont il vient d'être question. De ces deux droits quel est celui qui doit l'emporter sur l'autre? voilà quel était le point à résoudre. Le législateur l'a résolu en faveur de celui qui aurait le premier rempli les formalités nécessaires pour la conservation de son droit. Seulement le vendeur, quant à son privilége, est traité plus favorablement qu'un créancier hypothécaire, en ce sens que la transcription faite par le sous-acquéreur n'est pas suffisante pour lui enlever le droit de suite, tant que quarante-cinq jours, à compter de l'acte de vente, ne se sont pas écoulés. La raison de cette dérogation est simple : le créancier hypothécaire, s'il est prudent, ne se dessaisira des sommes qu'il prête qu'après s'être assuré qu'il n'y a aucune transcription du chef de l'emprunteur et avoir lui-même pris inscription ; la vente, au contraire, par sa nature même, dessaisit immédiatement le vendeur ; celui-ci se trouve dans l'impossibilité de retenir le droit de propriété qu'il confère à l'acquéreur ; et il est tout naturel qu'on lui laisse un certain délai à partir de la vente pour se mettre en règle. Il est vrai qu'il pourrait faire insérer dans l'acte une clause, suivant laquelle il pourrait rester propriétaire jusqu'au moment où il aurait pris inscription. Mais c'est là une clause exorbitante du droit commun, inconnue dans la pratique, et l'on conçoit que le législateur n'ait pas voulu en faire dépendre le sort du privilége.

Mais, a-t-on ajouté, s'il en est ainsi, pourquoi le vendeur conserve-t-il indéfiniment la faculté de s'inscrire vis-à-vis des créanciers ou des tiers auxquels l'acheteur a conféré des hypothèques? Ceci s'explique encore et se trouve en harmonie avec les tendances générales que nous avons étudiées plus haut dans le Code Napoléon : à savoir, que les tiers acquéreurs sont souvent mieux traités que les simples créanciers hypothécaires. Il faut convenir cependant que l'art. 6 de la loi du 23 mars 1855 laisse subsister certaine bizarrerie, quand on compare les créanciers auxquels l'acheteur confère hypothèque sur l'immeuble, et celui auquel il donne l'immeuble à titre d'antichrèse. Si le créancier a soin de faire transcrire la constitution d'antichrèse et que le vendeur, de son côté, commette l'imprudence de ne pas s'inscrire dans les quarante-cinq jours à compter de son acte de vente, le privilége sera perdu quant au droit de suite. Voilà donc un simple créancier antichrésiste mieux traité qu'un créancier hypothécaire. Il y a, nous le répétons, quelque chose de bizarre qu'il faut renoncer à s'expliquer.

La loi nouvelle a prononcé l'abrogation, non-seulement de l'art. 834 du Code de procédure, mais encore de l'art. 835. Nous avons à voir quelle est la portée de cette dernière abrogation en égard au privilége du vendeur. Mais auparavant, faisons connaître la disposition dudit art. 835. Il traitait du point de savoir quels étaient les créanciers hypothécaires auxquels le tiers acquéreur était obligé d'adresser les notifications à fin de purge, pour les mettre en demeure d'accepter le prix de son acquisition ou de surenchérir. Sur ce point, comme sur tant d'autres, la législation avait varié. Sous l'empire de la loi du 11 brumaire an VII, la transcription arrêtait le cours des inscriptions; l'acquéreur était obligé d'adresser les notifications aux créanciers hypothécaires et privilégiés inscrits antérieursment à ladite transcription, ceux-là senls ayant le droit ds surenchérir. Sous l'empire du Code Napoléon, la vente arrêtant à elle seule, au moins dans l'opinion générale, le cours des inscriptions (art. 2166), et les créanciers inscrits avant la vente ayant seuls le droit de suite, il résultait de là naturellement qu'à eux seuls devaient être adressées les notifications à fin de purge. Lorsque l'art. 834 du Code de procédure fut venu diviser les créanciers ayant le droit de surenchérir en deux catégories, ceux inscrits avant la transcription de la vente et ceux inscrits postérieurement et dans la quinzaine; l'art. 835 du même Code imposa bien à l'acheteur l'obligation de faire les notifications voulues pour purger aux créanciers de la première catégorie, mais non à ceux de la seconde. Le législateur était parti de l'idée que les créanciers qui venaient s'inscrire dans la quinzaine après la transcription pouvaient, par cette transcription même, connaître les éléments qui leur importaient pour répondre à la question de savoir s'ils devaient accepter les offres de l'acquéreur ou surenchérir. Aujourd'hui, la loi du 23 mars 1855 ayant abrogé l'art. 834 du Code de procédure, en imposant aux créanciers hypothécaires et privilégiés l'obligation de s'inscrire avant la transcription, l'abrogation de l'art. 835 devait suivre comme conséquence naturelle.

Il est bien clair qu'en principe du moins le tiers acquéreur n'aura des notifications à faire qu'aux créanciers hypothécaires ou privilégiés qui se seront inscrits avant qu'il n'ait transcrit lui-même. Néanmoins, nous le savons, il y a deux créanciers privilégiés dont l'inscription peut être postérieure à la transcription : ce sont le vendeur et le copartageant qui s'inscrivent utilement dans les quarante-cinq jours à compter de la vente ou du partage, bien que le tiers acquéreur ait déjà transcrit. Et alors surgit la question de savoir si le tiers qui veut purger doit faire les notifications exigées au vendeur et au copartageant, quand ceux-ci se sont inscrits postérieurement à la transcription. Nous serions disposés à nous prononcer dans le sens de l'affirmative : l'article 835 est abrogé ; cela signifie non-seulement que cette abrogation est la suite toute naturelle de celle de l'art. 834, mais encore que parmi les créanciers hypothécaires ou privilégiés ayant le droit de surenchère, il n'y aura pas deux catégories à établir, la première comprenant les créanciers inscrits avant la transcription ; la seconde ceux qui, par exception, se sont inscrits à une époque postérieure ; la première comprenant ceux à qui les notifications pour purger doivent être adressées, la seconde ceux dont le tiers acquéreur n'a pas à se préoccuper. Le tiers acquéreur devra faire des offres à tous sans distinction ; cette solution nous paraît conforme à l'esprit de la loi nouvelle qui est d'étendre le plus possible le principe de publicité. Sans doute le vendeur qui, étant encore dans le délai de quarante-cinq jours fixés par l'art. 6, vient s'inscrire après que le sous-acquéreur a transcrit, peut connaître par la transcription les éléments qu'il a besoin de savoir pour se déterminer dans un sens ou dans un autre. Mais la publicité qui résulterait pour lui de la transcription ne serait pas aussi grande que celle produite par les notifications à fin de purge pour les créanciers auxquels elles ont été adressées. Nous concluons de là que le sous-acquéreur, pour purger efficacement, devra attendre que le délai de quarante-cinq jours à compter de la première vente soit expiré, pour faire notifier ses offres tout aussi bien au vendeur inscrit après la transcription qu'aux créanciers hypothécaires ou privilégiés inscrits antérieurement.

DEUXIÈME PARTIE

DE LA
RÉSOLUTION DES VENTES D'IMMEUBLES
POUR DÉFAUT DE PAYEMENT DU PRIX.

La théorie de la résolution pour inexécution des charges dans les contrats commutatifs, introduite, ainsi que nous l'avons constaté, vers le XVIᵉ siècle, dans notre jurisprudence, a été inscrite dans le Code Napoléon, d'une manière générale, dans l'art. 1184, et appliquée spécialement à la vente dans l'art. 1654. Cette disposition contient un principe qui se réfère à toute espèce de ventes, aux ventes volontaires, soit qu'elles aient lieu à l'amiable, soient qu'elles aient lieu devant l'autorité judiciaire, et aux ventes forcées. Les expropriations pour cause d'utilité publique, seules, par leur nature même et le caractère permanent de l'utilité publique, en sont exemptes.

Nous diviserons nos développements en deux chapitres; dans le premier, nous verrons comment s'accomplit la résolution, dans le second, quels en sont les effets.

CHAPITRE I.

Comment s'accomplit la résolution.

La réalisation de la condition résolutoire suppose trois faits accomplis : 1° non payement du prix, 2° exercice de l'action, 3° jugement. Le législateur, en effet, a imposé au vendeur l'obligation de suivre pour arriver à son but une certaine procédure, afin que l'acheteur ait le temps et le moyen de se libérer. Nous allons successivement étudier chacun de ces trois faits.

SECTION PREMIÈRE.

Non payement du prix.

Lorsque l'acheteur ne remplit pas son obligation de payer le prix, que cet inaccomplissement soit total ou partiel, le vendeur a le droit de demander la résolution de la vente.

Ce droit reçoit son application en quoi que consiste le prix; par exemple, si un immeuble a été vendu moyennant une rente, et que les arrérages ne soient pas payés, le rentier peut demander l'anéantissement du contrat. Il n'est pas pour cela nécessaire que le débiteur ait cessé de payer les arrérages pendant deux ans; l'article 1912 n'a trait qu'aux constitutions de rente moyennant un capital mobilier; et en dehors de l'hypothèse qu'il vise, on retombe dans la règle générale posée par les art. 1184 et 1654. Peu importe aussi que la rente ait été constituée directement comme condition de l'aliénation de cet immeuble. Sans doute, dans ce dernier cas, l'ancien droit français considérait qu'il y avait là une novation, que l'immeuble avait été vendu moyennant un capital, qu'ensuite ce capital avait été aliéné moyennant une rente, et que l'on se trouvait en présence non d'une rente foncière, mais d'une rente constituée moyennant l'aliénation d'un capital mobilier. Mais aujourd'hui, d'une part, la novation ne se présume pas; d'autre part, l'art. 530 met sur la même ligne la rente constituée comme condition de l'aliénation d'un immeuble et celle constituée pour prix de cette aliénation. D'où il faut conclure que, sous l'empire du Code Napoléon, la rente constituée dans l'acte même de vente après indication d'un prix en capital est un mode de payement de ce prix bien plutôt qu'une créance nouvelle substituée par voie de novation à la créance du prix.

Mais si l'immeuble avait été vendu moyennant un prix fixé en capital, et qu'après coup, dans un acte postérieur, les parties convertissent la dette du prix en une rente perpétuelle, il faudrait décider qu'il y a une novation, que le vendeur n'est plus créancier du prix, mais est devenu rentier moyennant l'aliénation d'un capital mobilier; et alors il faudrait recourir à l'art. 1912, a moins qu'il ne se fût formellement réservé le droit de demander la résolution de la vente. C'est ainsi que Pothier, dans son *Traité des obligations* (partie III, ch. 2, art. 4, § 3), voyait une novation dans la convention par laquelle le débiteur constituait une rente à son créancier la somme qu'il lui devait.

Nous avons jusqu'à présent supposé l'aliénation d'un immeuble moyennant une rente perpétuelle. Arrivons au cas où elle a été consentie moyennant une rente viagère. L'aliénateur pourra, sans nul doute, faire résoudre le contrat s'il s'est formellement réservé ce droit; mais à défaut de cette réserve, le caractère aléatoire de la convention est exclusif de toute idée de résolution. Si les arrérages ne sont pas payés, le rentier devra se borner à saisir et à faire vendre les biens du débiteur et faire consentir ou ordonner sur le prix provenant de cette vente l'emploi d'un capital productif d'une somme d'intérêts égale à la rente (art. 1978).

L'acceptation par le vendeur de billets négociables ne lui fait pas encourir la perte de son droit de résolution. Nous avons donné la même solution en ce qui touche le privilége. La souscription de pareils billets ne peut être considérée ni comme un payement du prix, ni comme une novation, mais bien plutôt comme un mode de réglementation du payement du prix.

Ajoutons cependant que les tribunaux pourraient, suivant la circonstance, admettre l'idée d'une novation dans le cas, par exemple, où, en échange des billets négociables, le vendeur aurait, soit dans l'acte de vente, soit dans un acte postérieur, donné quittance à l'acheteur.

SECTION DEUXIÈME.

Exercice de l'action résolutoire.

Voici les questions que nous avons à examiner : premièrement, par qui et contre qui elle peut être exercée ; deuxièment, devant quel tribunal elle doit être portée ; troisièmement, quelles sont les fins de non-recevoir qu'on peut y opposer.

§ I. PAR QUI ET CONTRE QUI L'ACTION EN RÉSOLUTION PEUT-ELLE ÊTRE EXERCÉE ?

I. *Par qui peut-elle être exercée ?* L'action en résolution peut être exercée :

1° Par le vendeur ;

2° Par ses créanciers ; soit qu'ils agissent directement contre l'acquéreur en vertu d'une clause de délégation, soit qu'ils agissent du chef du vendeur, en vertu de l'art. 1166;

3° Par le cessionnaire de la créance du prix. En effet, le droit de provoquer la résolution est un moyen de faire valoir la créance et se trouve virtuellement compris dans la cession (art. 1692).

4° Par celui qui de ses deniers a payé le prix de vente et s'est fait subroger dans les droits du vendeur (art. 1250, 2103 3°).

5° Par les héritiers du vendeur. Mais il faut observer que, l'action en résolution étant parfaitement divisible, chacun des héritiers ne pourra l'exercer que pour sa part et portion héréditaire, sauf la question qui pourra surgir, de savoir si l'acheteur pourra contraindre le demandeur à s'entendre avec ses cohéritiers afin que tous demandent la résolution. Sur cette question, on pourrait, au premier abord, penser qu'il faut appliquer par voie d'analogie la disposition de la loi en matière de réméré et de rescision pour cause de lésion (art. 1670 et 1685). Mais l'argument d'analogie ne serait pas exact; l'acheteur à pacte de rachat et celui qui est actionné pour vilité du prix, ont rempli leurs engagements, et comme ils n'eussent pas acheté la chose s'ils eussent pensé ne pouvoir pas la garder en totalité, on conçoit qu'ils puissent forcer les héritiers du vendeur à s'entendre; mais dans la matière qui nous occupe, l'acheteur a son sort entre ses mains. Il a un moyen bien simple de se débarrasser de l'action en résolution exercée contre lui pour partie, en payant au demandeur la part qui lui revient dans le prix de vente.

II. *Contre qui le vendeur peut-il agir en résolution?* Le vendeur peut agir en résolution :

1° Contre l'acheteur ;

2° Contre ses héritiers ; et de même que l'action est divisible au point de vue actif, elle l'est au point de vue passif ; d'où il suit que chacun des héritiers de l'acheteur ne peut être poursuivi que pour sa part et portion héréditaire ;

3° Contre le tiers acquéreur ; mais, à vrai dire, le tiers acquéreur est actionné bien plutôt en revendication qu'en résolution. Car il n'est dépossédé qu'après que la résolution a été prononcée sur la tête de l'acheteur.

§ II. DEVANT QUEL TRIBUNAL DOIT ÊTRE PORTÉE L'ACTION.

Nous savons que, dans le droit romain, lorsque la *lex commissoria* avait été insérée dans la vente, elle produisait son effet de plein droit et par la seule expiration du terme ; que seulement les jurisconsultes n'étaient pas d'accord sur le fait de savoir par quelle action le vendeur pouvait reprendre sa chose ; que, dans l'opinion générale c'était par une action purement personnelle, l'action *venditi* où l'action *præscriptis verbis,* et dans l'opinion isolée de quelques jurisconsultes par une action purément réelle, à savoir la *rei vindicatio*. Mais au point de vue de la compétence, cette question n'avait aucun intérêt pratique, — la règle *actor sequitur forum rei* étant dominante et en matière d'actions personnelles et en matière d'actions réelles. Dans notre ancienne jurisprudence française, la vente n'étant plus résolue de plein droit, et le vendeur ne pouvait arriver à l'anéantissement du contrat que par une action, on s'était demandé quelle était la nature de cette action. Un auteur fort peu connu, Albéric, soutenait qu'elle était personnelle, par la raison que le vendeur avait pour but en l'exerçant, de demander l'exécution du contrat, puisque la condition résolutoire y était sous-entendue. Mais cette opinion était restée à l'état d'isolement. Dans la doctrine de nos anciens auteurs, l'action en résolution était considérée comme mixte; mais dans quel sens? dans celui que, dans une interprétation, erronée suivant nous, ils avaient donnée du § 20 *de actionibus* aux Instituts:

« Les trois actions familiæ erciscundæ, communi
« dividundo, finium regundorum, sont mixtes en
« ce qu'elles présentent à la fois un caractère de
« réalité et de personnalité : de réalité, en ce que,
« le voisin réclame et revendique en quelque
« façon par cette action (de bornage) la partie de
« son héritage qui doit être fixée et déterminée
« par le bornage limitrophe; le cohéritier ou le

« propriétaire réclame la chose qui lui appartient
« dans la succession ou la chose commune qui
« doit être déterminée par le partage; de person-
« nalité, en ce qu'elles naissent d'un engagement
« personnel : l'action en bornage naît de l'enga-
« gement respectif que le voisinage forme quasi
« *ex contractu* entre les voisins, qui oblige chacun
« d'eux à borner leurs héritages lorsque l'un d'eux
« le requiert. Les actions de partage naissent de
« l'engagement que la communauté ou *indivision*
« forme entre cohéritiers ou copropriétaires, de
« partager la succesion ou autre chose qui est
« commune, lorsque l'un d'eux le requiert. »
(POTHIER, *Introduction générale aux coutumes*,
§ 121.)

L'action résolutoire, ajoutaient nos anciens
auteurs, est mixte de la même manière; elle est
réelle en ce que, si elle vient à réussir, elle aura
pour effet de faire rentrer le vendeur dans la propriété de son immeuble, comme s'il ne l'avait jamais perdue (POTHIER, *loc. cit.*, § 122, et 465, *de
la Vente*). Du reste, la question n'avait pas, en
matière de compétence, la même importance qu'aujourd'hui. En effet, la maxime *actor sequitur forum
rei* était appliquée aux actions réelles mobilières,
les actions réelles immobilières pouvaient, au
choix du demandeur, être portées devant le tribunal du domicile du défendeur, ou devant le
tribunal de la situation de l'immeuble. Quant aux

actions mixtes immobilières, sur le point de savoir quel était le tribunal compétent pour les
juger, on répondait généralement que c'était le
tribunal du domicile du défendeur, par la raison
bizarre que le caractère personnel de l'action
valant mieux que le caractère réel, c'était la
maxime *actor sequitur forum rei* qui devait être
appliquée.

Aujourd'hui, le choix qui appartenait au demandeur en matière réelle, lui appartient en matière mixte (art. 59 du Code de procédure). Il n'y
a plus à se préoccuper, ni de l'action *familiæ erciscundæ*, ni de l'action *communi dividundo*, quand la
société a un siége fixe : l'une, en effet, doit être
portée devant le tribunal de l'ouverture de la
succession, l'autre devant le tribunal dans l'arron-
dissement duquel se trouve le siége de la société.
Quant à l'action en bornage, bien que le Code
la range parmi les servitudes, d'une part (art. 546),
et parmi les engagements qui se forment sous
convention, d'autre part (art. 1370), nous préoccu-
pant de l'intérêt pratique, nous décidons par argument de la loi du 25 mars 1838, art. 6, qu'elle
doit être portée devant le tribunal de la situation
de l'immeuble, puisque c'est au juge de paix de
la situation que la loi de 1838 attribue compétence
dans une certaine mesure en matière de bornage.
Mais, ces réserves faites, nous estimons que les
rédacteurs du Code de procédure ont attribué aux

actions mixtes la même signification que nos anciens auteurs. Il n'est pas probable qu'ils se soient préoccupés de l'opinion isolée d'Albéric. Quant aux autres interprétations qui ont été données du § 20, *de actionibus*, elles sont toutes modernes. En conséquence, nous considérons comme actions mixtes, l'action *communi dividundo*, quand elle a pour but de faire cesser une indivision résultant d'une société qui n'a pas de siége fixe, l'action qui naît des contrats translatifs de propriété (art. 1138), et enfin l'action en résolution.

Cela posé, distinguons les hypothèses qui peuvent se présenter en matière de résolution.

Première hypothèse : *l'immeuble est resté entre les mains de l'acheteur.* La conséquence de la théorie qui vient d'être exposée est que l'action en résolution pourra, au choix du demandeur, être portée devant le tribunal du domicile de l'acheteur, ou devant celui de la situation de l'immeuble. Nous avouons néanmoins que le législateur eut mieux fait de caractériser l'action par son but principal, qui est l'exécution du contrat, et de la ranger dans la classe des actions personnelles. Le tribunal du domicile du défendeur est toujours mieux à même que celui de la situation de l'immeuble de juger en connaissance de cause si l'acheteur mérite d'obtenir un délai de grâce. La critique que nous nous permettons ici ne pouvait, au point de vue pratique, être adressée à nos anciens auteurs, puisque l'action mixte était assujettie à la règle *actor sequitur forum rei.*

Deuxième hypothèse : l'immeuble est revendu. Deux cas sont possibles : *premier cas,* l'acheteur ne s'est pas engagé par une clause de délégation vis-à-vis du vendeur primitif. Celui-ci a deux partis à prendre : actionner d'abord son acheteur en résolution, et, une fois la résolution prononcée sur la tête de ce dernier, agir contre le sous-acquéreur en revendication ; ou bien, lier les deux instances, à raison de leur connexité. S'il prend le premier parti, l'action en résolution conserve son caractère mixte. Qu'importe, en effet, la circonstance que l'immeuble ait été revendu ? Non-seulement Pothier ne distinguait pas ; mais encore, il se plaçait formellement dans l'hypothèse d'une vente, puisqu'il disait : « Cette action, quoique personnelle principale-« ment, tient de la nature des actions réelles, en ce « qu'elle suit l'héritage et qu'elle peut se donner « contre les tiers détenteurs, pour qu'ils le délais-« sent comme affecté à l'obligation de l'acheteur. » (*Introduction générale aux coutumes,* n° 122). En conséquence, le premier acheteur pourra, au choix du vendeur, être assigné devant le tribunal de son domicile ou devant celui de la situation de l'immeuble. Quant à la revendication qui sera la suite de la résolution, comme c'est une action réelle, elle ne pourra être exercée que devant le tribunal de la situation.

Si, dans un but de célérité et d'économie, le vendeur joint les deux actions, il peut demander la résolution contre son acheteur, soit au tribunal du domicile de ce dernier, soit au tribunal de la situation de l'immeuble, et appeler le sous-acquéreur devant la juridiction qu'il choisira. Il peut aussi revendiquer l'immeuble contre le sous-acquéreur devant le tribunal de la situation de l'immeuble, et joindre à cette revendication l'action résolutoire contre le premier acheteur.

Deuxième cas. Le sous-acquéreur s'est personnellement engagé, vis-à-vis du premier vendeur, par une clause de délégation. Dans cette hypothèse, l'action qui sera intentée contre lui présentera un caractère mixte de personnalité et de réalité; et le vendeur pourra agir contre ce tiers sans passer par l'intermédiaire de l'acheteur primitif; et cela, devant le tribunal de la situation de l'immeuble ou devant le tribunal du domicile du sous-acquéreur.

§ III. QUELLES SONT LES FINS DE NON-RECEVOIR QUI PEUVENT ÊTRE OPPOSÉES A L'ACTION EN RÉSOLUTION?

Distinguons si le conflit s'engage entre le vendeur et l'acheteur ou bien entre le vendeur et les tiers.

Première hypothèse. Si la lutte s'établit entre le vendeur et l'acheteur, les démarches que le vendeur peut faire, pour arriver au payement du prix, ne peuvent plus tard lui être opposées à titre de fin de non-recevoir, lorsque, changeant d'avis, il demande la résolution du contrat. Nous signalons cette différence entre le droit français et le droit romain, car, sous l'empire de cette dernière législation, le vendeur ne pouvait plus varier, son option une fois faite. Mais cette décision rigoureuse du droit romain tenait aux règles de la procédure, et ne saurait plus être appliquée aujourd'hui. Le droit du vendeur, c'est de se faire payer le prix : comme moyen d'exécution, la loi lui donne le privilége et le droit de résolution. Cela est si vrai que, même dans le cas où il exerce directement l'action résolutoire, il demande encore d'une manière implicite le payement du prix. Il sait parfaitement que l'acheteur a le droit de payer tant que la vente n'a pas encore été anéantie par un jugement; et si l'on se place dans l'hypothèse prévue par l'article 1056, celle où il a été stipulé que, faute de payement du prix dans le terme convenu, le contrat serait résilié, le vendeur, qui veut agir en résiliation, est au préalable obligé d'adresser une sommation à l'acquéreur. Il n'est donc pas possible d'admettre qu'il perde son droit de résolution par cela seul qu'il aura réclamé le payement du prix; puisque le législateur lui impose la nécessité de faire tout d'abord des tentatives pour atteindre ce but.

Il va sans dire que le droit de résolution ne peut survivre à la créance elle-même; d'où il suit que, si la créance s'éteint par la prescription libératoire de trente ans (art. 2262), cette prescription aura pour conséquence celle de l'action résolutoire. Elle aura pour point de départ l'expiration du terme qui avait été accordé à l'acheteur.

Deuxième hypothèse. Le conflit surgit entre le vendeur et les tiers.

Ces tiers peuvent être : 1° les créanciers soit chirographaires, soit hypothécaires; 2° les sous-acquéreurs.

1° Conflit entre le vendeur et les créanciers soit chirographiques soit hypothécaires.

Deux cas sont à considérer : le premier est celui où l'acheteur n'est pas en faillite, et où sa succession n'a pas été acceptée sous bénéfice d'inventaire; le second est celui où le vendeur est tombé en faillite, ou bien celui où il y a eu acceptation bénéficiaire de sa succession.

Dans le premier cas, la règle à suivre est simple : les créanciers chirographaires ou même hypothécaires ne peuvent opposer au vendeur que les fins de non-recevoir qui compètent à l'acheteur lui-même. A l'égard de la masse chirographaire, cela ne

fait pas de doute. A l'égard de la masse hypothécaire, notre proposition est également vraie, bien
que cette masse ait pris inscription. En effet, de
deux choses l'une : ou l'acheteur a transcrit et alors
il a conservé lui-même et le privilége et le droit de
résolution ; ou bien il n'a pas transcrit, et nous
avons vu que, dans cette hypothèse, le vendeur
n'avait rien à craindre pour son privilége, ajoutons maintenant ni pour son droit de résolution.

Dans le cas de faillite de l'acheteur ou de l'acceptation de sa succession sous bénéfice d'inventaire,
nous avons décidé que, s'il n'y avait transcription
ni de la part de l'acheteur, ni de la part du vendeur,
le privilége était perdu. En est-il de même du droit
de résolution ?

Sous l'empire du Code Napoléon, la négative
était certaine, le sort du droit de résolution était
indépendant de celui du privilége ; et lorsque le
vendeur avait perdu le droit de se faire payer sur
le prix par préférence à tous autres, il conservait
celui de faire résilier la vente. La loi du 23 mars
1855 est venue changer cet état de choses, ainsi
que nous l'expliquerons plus amplement ; elle a lié
l'action résolutoire au privilége, l'une ne subsiste
plus sans l'autre. Cependant le texte de la loi fait
naître, quant à la question qui nous occupe, des
doutes sérieux. Il porte que l'action résolutoire
doit, sous peine de déchéance, être rendue publique

en temps utile vis-à-vis des tiers qui ont acquis des droits sur l'immeuble. Dans son application aux créanciers hypothécaires inscrits, cette disposition ne présente pas de difficulté ; ceux-là ont sur l'immeuble un droit évident, et, sans conteste, peuvent se prévaloir du défaut de publicité de l'action résolutoire. Mais que décider à l'égard de la masse chirographaire et des créanciers hypothécaires qu'un défaut d'inscription est venu reléguer dans cette masse ?

Fidèles à la pensée fondamentale de la loi nouvelle, qui, en notre matière, est de subordonner l'existence du droit de résolution à celle du privilège, nous décidons que le droit de résolution est anéanti à l'égard de la masse chirographaire comme à l'égard de la masse hypothécaire. Mais, dira-t-on, les créanciers chirographaires n'ont pas de droit sur l'immeuble. Nous répondons : la masse chirographaire a un droit sur l'immeuble, l'hypothèque légale que lui donne l'art. 490 du Code de commerce, en cas de faillite; la séparation des patrimoines que lui confère le Code Napoléon en cas d'acceptation bénéficiaire. Et nous ajoutons : le droit de résolution est perdu alors même qu'il serait inscrit avant l'inscription de l'hypothèque légale ou de la séparation des patrimoines. Si, en effet, ces deux droits doivent être rendus publics, c'est vis-à-vis des tiers qui, plus tard, peuvent traiter avec l'acheteur, et nullement pour conserver les droits de la masse vis-à-vis de ceux qui ont traité avec lui dans le passé.

2° Conflit entre le vendeur et les sous-acquéreurs.

Une distinction capitale se présente ici, entre les reventes forcées et les reventes volontaires.

§ 1. *Reventes forcées.* Il y a revente forcée dans trois cas : 1° en cas d'expropriation pour cause d'utilité publique; 2° en cas de saisie immobilière; 3° dans le cas où les créanciers hypothécaires n'acceptant pas les offres à fin de purge, surenchérissent.

Parcourons succinctement chacune de ces trois hypothèses. La question de savoir quel serait l'effet de l'expropriation, pour cause, d'utilité publique, sur l'action en résolution, avait été abandonnée à l'empire du droit commun jusqu'à la loi du 7 juillet 1833 et jusqu'à celle du 3 mai 1841 (art. 18). Mais elle a été législativement tranchée par ces deux lois successives; elles ont établi que l'expropriation pour cause d'utilité publique purgeait, par elle-même, le droit de résolution à l'égard de l'expropriant, et que ce droit se trouvait reporté sur l'indemnité. Il en résulte que, si le vendeur exerce son privilége, il se fera colloquer sur l'indemnité, jusqu'à concurrence du prix de vente, et que s'il exerce son droit de résolution, il prendra l'indemnité tout entière.

Cette suppression du droit de suite se justifie par les deux considérations suivantes : 1° L'acheteur exproprié ne sera pas très-bien disposé à fournir à ceux qui l'exproprient les renseignements qu'ils ont intérêt à connaître, pour savoir si le droit de résolution subsiste encore; 2° l'intérêt public est permanent et se pose comme un obstacle perpétuel devant un ancien vendeur qui voudrait faire anéantir l'expropriation.

Quant aux ventes sur saisie, l'adjudicataire, sous l'empire du Code Napoléon et du Code de procédure, pouvait être évincé par un vendeur non payé. Cet état de choses était on ne peut plus fâcheux. Comment l'adjudicataire obtiendra-t-il du saisi les données dont il a besoin pour s'édifier sur la stabilité de l'acquisition qu'il va faire. Et puis, si le vendeur a reçu des à-compte, ne peut-il pas, par suite d'un concert frauduleux entre lui et le saisi, supprimer les quittances? La loi du 2 juin 1841 sur les ventes judiciaires est venue faire droit à ces réclamations. La décision qu'elle donne est formulée dans l'article 717 du nouveau Code de procédure qu'il faut combiner avec l'article 692 du même code. Une fois l'adjudication prononcée, l'adjudicataire ne court plus aucun danger d'éviction; voilà la pensée fondamentale de la loi. Mais avec cet intérêt de l'adjudicataire il fallait combiner celui du vendeur. La loi y a pourvu par la faculté qu'elle a donnée au poursuivant de mettre le vendeur en demeure et de le contraindre à opter entre l'exercice de son privilége et celui de son droit de résolution. De deux choses l'une, ou le privilége du vendeur est inscrit ou il ne l'est pas; dans le premier cas, une sommation lui est adressée au domicile élu dans l'inscription, et à supposer qu'il n'y ait pas d'élection, à son domicile réel. Si, averti par cette sommation, il opte pour le droit de résolution, il doit notifier sa demande au greffe (si la notification avait été faite au poursuivant, celui-ci aurait pu la dissimuler aux enchérisseurs et à l'adjudicataire). La notification dont il s'agit a pour effet de suspendre la procédure de saisie; mais afin que cette suspension ne soit pas indéfinie, le tribunal fixe un délai dans lequel l'action en résolution doit être jugée. Le vendeur peut, suivant les circonstances, obtenir la prolongation du sursis; mais s'il laisse passer les délais qui lui ont été impartis par la justice, sans qu'il soit intervenu une décision judiciaire sur la résolution de la vente, il est passé outre à l'adjudication, et le droit de résolution se trouve anéanti.

Les art. 717 et 692 du Code de procédure ont été, dans leur application, étendues aux surenchères sur aliénation volontaire (art. 838).

§ 2. *Reventes volontaires.* La réforme introduite par les lois postérieures au Code Napoléon et de procédure, en matière de vente forcée était un premier pas dans la voie des améliorations; mais le droit de résolution subsistait encore, avec toute sa force, à l'égard des sous-acquéreurs auxquels une aliénaton volontaire avait été consentie. Il y avait là une lacune qui, depuis longtemps, préoccupait les économistes et les jurisconsultes, lorsqu'en 1839 et en 1850 des projets de réforme hypothécaire furent mis à l'ordre du jour. Sur le point qui nous occupe, ces projets, lorsqu'on les analyse, peuvent se ramener à quatre principaux : celui mis en avant par M. Pougeard, celui défendu par la commission extra-parlementaire que nomma le gouvernement, celui qui fut élaboré au sein de la commission choisie par l'Assemblée législative, enfin celui qu'adopta le Conseil d'État. M. Pougeard proposait de supprimer l'action résolutoire à l'encontre des créanciers hypothécaires inscrits. En pratique, c'était demander l'anéantissement à peu près complet du droit de résolution; et lorsque cette objection fut présentée, l'auteur du projet, loin de reculer devant cette conséquence, avoua nettement que l'abrogation de l'action en résolution était en effet dans son esprit.

Suivant la commission extraparlementaire, il y avait à distinguer si l'action en résolution devait être exercée dans les rapports du vendeur et de l'acheteur seulement, ou si elle devait l'être contre les tiers. Dans le premier cas, le droit de résolution était maintenu conformément aux principes du Code Napoléon, et comme conséquence du défaut de payement du prix par l'acheteur. Dans le second cas, il devait disparaître, à moins qu'il n'eût été formellement réservé dans l'acte de vente. De plus, injonction était faite au conservateur des hypothèques d'avoir à le mentionner dans l'inscription d'office. Il y avait là, disait la commission extraparlementaire, un double motif de sécurité pour les tiers : d'abord, en se faisant représenter le contrat, ils pouvaient voir la réserve formelle de la résolution inscrite; en second lieu, ils devaient être avertis par l'inscription d'office.

Cette théorie était un système éclectique emprunté au droit romain et au droit français: au droit romain, en ce qu'il exigeait un pacte commissoire exprès vis-à-vis des tiers; au droit français, en ce que vis-à-vis de l'acheteur le pacte commissoire était tacite.

D'après la commission nommée au sein de l'assemblée législative, le remède proposé par la commission extraparlementaire n'était qu'un palliatif impuissant. En effet, la réserve du droit de résolution deviendrait, disait-on, une clause du style; il fallait entrer plus radicalement dans la voie des réformes en supprimant l'action en résolution vis-à-vis des tiers, à l'exception de ceux qui auraient contracté avec l'acquéreur depuis la mention de la demande en résolution en marge de l'inscription du privilége. C'était en revenir ou à peu près au système proposé par M. Pougeard.

Quant au conseil d'État, il n'apporta dans la discussion aucun élément nouveau. Par l'organe de M. Bethmont, il proposait purement et simplement d'adopter le projet présenté par la commission extraparlementaire.

Le sérieux et véritable débat au sein de l'assemblée législative s'engagea entre la commission nommée par l'assemblée et ceux qui voulaient maintenir le droit de résolution en le soumettant à la publicité. La doctrine de ces derniers fut résumée par M. Rouher, dans un amendement devenu célèbre, et par les brillantes discussions auxquelles il donna lieu, et, parce que les événements politiques ayant empêché d'aboutir les projets de réforme hypothécaire, il a passé comme texte législatif dans la loi du 23 mars 1855. Cet amendement était formulé de la manière suivante :

« L'action résolutoire de la vente établie par l'art. 1654 et l'action en reprise de l'objet échangé établie par l'art. 1705, ne peuvent être exercées au préjudice des créanciers inscrits ni des sous-acquéreurs ou des tiers acquéreurs de droits réels, après l'extinction ou la déchéance du privilége établi par l'article précédent. »

L'idée, du reste, n'était pas nouvelle. Elle avait été empruntée par M. Rouher aux observations présentées antérieurement au garde des sceaux par la Faculté de droit de Paris et par les cours de Grenoble et de Riom. Elle consistait, comme on voit, à établir la solidarité la plus étroite entre le privilége et le droit de résolution.

Dans le débat se présentèrent, d'un côté, les hommes exclusivement préoccupés d'idées de crédit foncier, de l'autre, les hommes qui, nourris dans les saines traditions du droit, demandaient avant tout le respect des conventions, soit tacites, soit expresses.

Les premiers examinèrent la question à un triple point de vue.

Ils firent valoir tout d'abord la nécessité de donner un nouvel essor au crédit public : comment les tiers oseront-ils traiter avec l'acheteur, lui prêter des capitaux ou acquérir de lui l'immeuble, tant qu'ils pourront craindre d'être évincés par une résolution toujours imminente? considération d'autant plus grave, que les tiers acquéreurs ne peuvent pas, au moyen de la procédure de la purge, anéantir l'action en résolution, comme ils peuvent le faire pour les priviléges et les hypothèques. La faveur, que méritent les intérêts agricoles, et qui est due à la libre circulation des biens, réclame donc la suppression de l'action résolutoire. Cette abrogation est-elle d'ailleurs quelque chose de si étrange? N'a-t-elle pas été prononcée par les codes de Wurtemberg, de la Prusse, du

Hanovre, de l'Autriche; et la France elle-même n'est-elle pas entrée dans la même voie par ses réformes de 1833 et de 1841?

Le système du Code est tellement vicieux, que dans le cas où l'acheteur a payé des à-compte, il ne peut faire servir à son crédit la moindre fraction de l'immeuble, son contrat pouvant à chaque instant être résolu pour ce qui reste dû au vendeur.

Quel préjudice fait-on éprouver au vendeur en effaçant le droit de résolution? On lui laisse son privilége, c'est-à-dire le moyen d'arriver à la réalisation de la fin principale qu'il s'est proposée, à savoir le payement du prix. Cela doit lui suffire en face de quelque éventualité qu'il se trouve placé. L'adjudication produit-elle un prix supérieur à celui de la vente, il se fait payer par préférence à l'autre. Dans le cas contraire, il prend à lui seul le montant tout entier de l'adjudication, et devient, pour le surplus, créancier hypothécaire de l'acheteur. Il peut se faire sans doute qu'il ait perdu son privilége; il est évident qu'en pareil cas le droit de résolution lui serait on ne peut plus utile. Mais ne doit-il pas porter la peine de sa négligence pour avoir perdu le moyen que la loi mettait à sa disposition pour se faire payer. Et du reste, cette arme de la résolution, si on la lui laissait, ne s'en servirait-il pas pour amener à composition la masse contre laquelle il lutte, et n'y aurait-il pas une large voie ouverte aux combinaisons frauduleuses?

Enfin, à quoi est destiné l'action en résolution? Le Code Napoléon le dit dans son art. 1183 : à remettre les choses au même état qu'auparavant. Et bien c'est là un but chimérique, il n'est pas possible de rétablir les parties dans la situation qu'elles avaient à l'époque du contrat, et la rétroactivité n'est autre chose qu'une fiction sans réalité aucune. Le droit romain l'avait bien senti, et c'est pour cela qu'il n'était point venu à l'esprit si pratique des jurisconsultes de sous-entendre une condition de résolution pour le cas où l'acheteur ne payerait pas le prix.

Ainsi, intérêt des tiers, intérêt de l'acheteur, intérêt du vendeur lui-même, voilà sous une triple face la question telle qu'elle était envisagée par les économistes de l'Assemblée législative, et entre autres par M. Michel de Bourges, de Vatimesnil et Dupont de Bussac.

Répondant à leurs adversaires, les jurisconsultes disaient : Il est impossible que les tiers qui traitent avec l'acheteur soient trompés; ils n'ont qu'à se faire représenter les quittances délivrées par les anciens vendeurs. De plus, la publicité proposée par l'amendement de M. Rouher n'est-elle pas une sauvegarde suffisante? Mais, dit-on, les tiers ne peuvent purger. Est-donc là une objection insoluble, et ne peut-on, répondait M. Valette, sur ce point comme sur les autres, modifier la loi existante? Qu'est-ce qui empêche le législateur de décider que des notifications à fin de purge ayant été faites par l'acquéreur, l'ancien propriétaire qui voudra résoudre l'aliénation sera tenu, dans les délais réglés par l'art. 2185, de notifier sa demande en reprise ou en résolution au greffe du tribunal où la surenchère et l'ordre, s'il y avait lieu, devaient être portés. Les délais à fixer, pour faire statuer sur la demande en résolution, le seront ainsi qu'il est dit dans l'art. 717 du Code de procédure. Rien n'empêche d'introduire dans la loi une disposition semblable.

Ce n'est pas du reste la seule réforme que nécessite l'adoption de l'amendement. Voilà des tiers, qui, prêtant des deniers à l'acheteur pour payer des à-compte ou les payant eux-mêmes, se font subroger conventionnellement aux droits du vendeur; celui-ci conserve le droit de résolution pour le surplus; et s'il l'exerce, les prêteurs de deniers se trouvent, quant à la restitution des à-compte, relégués au rang de simples créanciers chirographaires. C'est là un inconvénient; mais doit-il faire supprimer l'action en résolution, et un pareil remède ne serait-il pas pire que le mal qu'il s'agit de faire cesser? Ne peut-on y parer en décidant que les à-compte restitués par le vendeur seront affectés hypothécairement à ceux qui auront fourni des deniers pour les prêter? On se plaint que le crédit de l'acheteur soit anéanti par la menace de résolution qui existe à l'encontre des tiers. Cela est vrai ; mais faut-il fonder le crédit de l'acheteur sur la ruine la moralité publique, et violer les droits légitimes que le vendeur a entendu se réserver ?

On argue de l'intérêt du vendeur ; mais l'argument peut se rétorquer contre ceux qui le font : l'exercice du privilége suppose une saisie, une expropriation sur ordre ; de cette procédure compliquée des frais qui diminuent d'autant la chance qu'a le vendeur de se faire payer sur le prix. Et voilà cependant la nécessité à laquelle il va se trouver inévitablement réduit, si on lui enlève le droit de demander la résiliation de la vente. Que si, au contraire, on lui laisse ce droit ; pour arriver à la résolution, il suffira d'une assignation en justice et d'un jugement. Economie évidente de temps et de frais ! Et cette considération a une immense portée pratique : on raisonne sans cesse sur des espèces où il s'agit de ventes consenties pour des prix de cent mille francs et au-dessus. Mais en réalité, et les données de la statistique le démontrent, le prix de plus de moitié des ventes ne dépasse pas douze cents francs.

Le maintien du droit de résolution ne peut donc en principe faire doute. Il s'agit de l'organiser au point de vue de la publicité, afin de tenir en garde les tiers qui peuvent traiter avec l'acquéreur.

Mais les adversaires de l'amendement ne se tinrent pas pour battus ; ils revinrent à la charge, et reprenant en sous-œuvre les arguments que nous venons d'exposer, ils répliquèrent : Le danger de l'action résolutoire résulte non pas de sa clandestinité, mais bien de son existence même. Elle fait naître des combinaisons frauduleuses en laissant au vendeur le moyen de contraindre la masse à capituler. Si, dira-t-il, j'exerce mon privilége, sans doute je serai payé par préférence ; mais si le prix de l'adjudication excède le prix de vente, vous, créanciers chirographaires ou hypothécaires, avez chance d'être remboursés, soit en totalité soit en partie ; tandis que si j'exerce mon droit de résolution, je vous enlève cette espérance. Voilà un danger sérieux. Pour se préoccuper exclusivement de donner de la publicité au droit de résolution, ce n'est pas la peine de toucher au système organisé par le code. Supposons que l'action résolutoire ne soit pas rendue publique ; croit-on que les tiers, pour peu qu'ils aient la moindre prudence, ne se feront pas représenter les quittances des anciens vendeurs ? et s'ils ne le font pas, ne doivent-ils pas porter la peine de leur négligence ? En ce qui concerne le crédit, il n'existera qu'au profit de ceux qui n'en auront nul besoin : en effet, ou l'acheteur a désintéressé le vendeur, et alors le droit de résolution n'existant plus, l'acquéreur n'a pas besoin qu'on vienne à son secours, ou bien il n'a pas rempli ses engagements, et dans ce cas le droit de résolution rendu public tarira pour lui la source du crédit. Enfin l'action en résolution, à raison des incidents qu'elle peut soulever, exige plus de temps et plus de frais que l'exercice du privilége.

Cette discussion avait besoin d'être résumée et purgée des éléments inexacts qui s'y étaient glissés. M. Valette se chargea de ce soin; et dans un discours remarquable par la force des arguments et la netteté des idées, il sut fixer les incertitudes de l'assemblée : On a invoqué le droit romain et prétendu que la condition résolutoire pour défaut du payement du prix n'y avait pas été admise parce qu'il est impossible de rétablir en son entier la situation antérieure des parties et l'état de choses primitif. C'est là une grave erreur. Une semblable idée ne pénétra jamais dans l'esprit des jurisconsultes romains. Si elle eût été vraie et et qu'elle les eût préoccupés, ils en auraient fait sortir toutes les conséquences en prescrivant la condition résolutoire expresse.

Voilà pour l'autorité du droit romain méconnue par M. Michel de Bourges. On parle de crédit public et d'économie politique; mais en Allemagne et ailleurs il y a des législations tout aussi préoccupées qu'on peut l'être en France de laisser un libre essor au crédit. Et cependant ces législations, n'immolent pas à ce but des droits respectables; et, maintenant le droit de résolution parce qu'il est fondé sur la justice, elles cherchent seulement à le rendre public pour qu'il ne soit pas un piége tendu à la bonne foi des tiers. Croit-on d'ailleurs qu'en enlevant au vendeur la garantie dont il a été investi jusqu'à présent, on soit très-favorable au crédit des acquéreurs ? Nul ne voudra désormais se dessaisir de sa propriété si ce n'est au comptant; et si, à force de chercher, on a trouvé un acheteur, le prix obtenu sera d'autant moindre que l'obligation de payer comptant sera plus onéreuse. On cherche à porter une main téméraire sur l'édifice tout entier du Code civil. Aujourd'hui c'est le droit de résolution qu'on attaque en tant qu'il compète au vendeur; demain on viendra demander la suppression de toutes les conditions résolutoires. Or il y a grande imprudence à heurter ainsi de front une institution depuis si longtemps enracinée dans les habitudes juridiques de la France, et à violer la loi que les parties contractantes ont entendu s'imposer.

Ce discours détermina le vote, et l'amendement Rouher fut adopté par l'assemblée. Malheureusement les circonstances politiques vinrent empêcher de donner suite au projet de réforme; et c'est en 1855 seulement que le Corps législatif, éclairé par les discussions antérieures, inséra dans la loi du 23 mars de cette année la disposition qui forme l'art. 7 et qui est ainsi conçue : « L'action résolutoire établie par l'art. 1654 du Code Napoléon ne peut être exercée après l'extinction du privilége du vendeur, au préjudice des tiers qui ont acquis des droits sur l'immeuble du chef de l'acquéreur et qui se sont conformés aux lois pour les conserver. »

L'extinction du privilége pour défaut de conservation entraîne donc l'extinction du droit de résolution. Nous n'avons pas à revenir sur les formalités que le vendeur doit remplir pour conserver son privilége à l'égard des tiers acquéreurs dans les diverses hypothèses que nous avons distinguées Il nous reste seulement à nous demander si le droit de résolution est anéanti, quand le privilége lui-même est perdu par toute autre cause que le défaut de publicité. Supposons par exemple que le vendeur ait renoncé à son privilége; en ce cas que décider? La raison de douter se tire de la combinaison de l'art. 7 avec l'art. 6 de la loi nouvelle. De ce rapprochement on pourrait induire que le législateur a réglé seulement le cas où le privilége n'a pas été publié faute d'inscription. Mais d'une part, l'art. 7 ne distingue pas et d'autre part M. Rouher a dit formellement à l'assemblée législative: *Quand j'aurai aliéné ma propriété, si je néglige de conserver mon privilége, si j'en donne mainlevée, je perdrai par voie de conséquence le bénéfice de mon action résolutoire.*

Ne terminons pas cette matière sans signaler la disposition de l'art. 11, 3ᵉ alinéa. Suivant cette disposition, le vendeur dont le privilége s'est trouvé perdu au 1ᵉʳ janvier 1856, a pu conserver vis-à-vis des tiers le droit de résolution, en s'inscrivant au bureau des hypothèques dans le délai de six mois, à partir de la même époque.

Ainsi les sous-acquéreurs peuvent opposer au vendeur, à titre de fin de non recevoir, l'extinction du droit de résolution, résultant de l'extinction du privilège.

Abordons maintenant les autres exceptions dont ils peuvent s'armer.

Le sous-acquéreur a rempli les formalités de la purge; les créanciers auxquels les notifications ont été faites ont accepté les offres de l'acquéreur; un ordre s'est ouvert sur le prix, et le vendeur est venu y produire; puis, se ravisant, il veut faire anéantir la vente. Y est-il fondé? On a soutenu la négative, en disant que le fait de produire à l'ordre était un abandon tacite de l'action en résolution. Mais les renonciations ne se présument pas. On ne doit les admettre par voie d'induction tirée de tel ou tel fait, que lorsqu'il ne reste aucune ressource pour donner à ce fait une autre explication. Le vendeur a deux droits bien distincts, son privilège et son droit de résolution : il commence par exercer le premier, et reconnaissant qu'il avait à tort espéré se faire payer, il revient au droit de résolution. A supposer qu'on lui dise : vous avez renoncé à l'action que vous exercez maintenant, ne peut-il pas répondre : Je n'y ai pas renoncé, ou tout au moins je n'yai renoncé que sous la condition d'être payé du prix dans son entier, et cette condition ne s'est pas réalisée. Le sous-acquéreur est-il donc si favorable? ne connaissait-il pas la possibilité de la resolution; et menacé d'un pareil danger, n'était-il pas autorisé par l'art. 1653 à suspendre le payement du prix, jusqu'à ce qu'on eût fait disparaître toute cause d'éviction ?

En ce qui touche la prescription susceptible d'être invoquée par le tiers acquéreur, plusieurs cas sont à distinguer.

Et tout d'abord, si par une clause de délégation il s'est personnellement engagé à payer le prix, la prescription qui pourra s'accomplir à son profit sera la prescription libératoire résultant de l'expiration du délai de trente ans (art. 2262), et quant au point de départ, ce sera l'expiration du terme accordé au premier acheteur (art. 2247).

En l'absence d'une pareille clause de délégation, le tiers détenteur n'étant tenu vis-à-vis du vendeur primitif d'aucun lien personnel d'obligation, il ne peut s'agir pour lui que d'une prescription acquisitive dont l'objet sera de lui donner le complément qui manque à son droit de propriété par suite du droit réel retenu par le premier aliénateur. Cette prescription acquisitive ne sera pas suspendue par l'existence d'un terme existant pour le débiteur du prix de la première vente. Sous l'empire du Code, elle aurait eu pour point de départ le jour de l'en-

trée en possession ; mais comme l'intention des rédacteurs de la loi de 1855 a été de subordonner le
droit de résolution à celui du privilége, aujour-
d'hui la prescription dont il s'agit commencerait à
courir à partir de la transcription du titre. Autrement, il arriverait que la transcription ayant été ef-
fectuée avant la mise en possession, le vendeur aurait par la prescription perdu son privilége (art.
2180, 4°), alors que l'action résolutoire subsisterait
encore, ou réciproquement, que la transcription
ayant précédé la mise en possession, l'action serait
perdue avant l'extinction du privilége.

Elle s'accomplira par dix ou vingt ans (article 2265) s'il est de bonne foi, c'est-à-dire s'il a
ignoré le non-payement du prix. S'il l'a connu, il
ne prescrira que par trente ans, car il ne peut légitimement penser que l'acheteur primitif payera
son vendeur; les acheteurs qui revendent sans
avoir payé eux-mêmes leur prix ne doivent pas
être présumés de bonne foi.

SECTION TROISIÈME.

Jugement de l'action résolutoire.

Le jugement de l'action est le dernier élément
qui entre dans l'accomplissement de la condition
résolutoire. Pour l'apprécier, il faut distinguer
deux hypothèses : 1° celle où la condition résolu-

toire a été sous-entendue dans le contrat; 2° celle où elle a été formellement exprimée au moyen du pacte commissoire.

Première hypothèse : La condition résolutoire a été expressément convenue, l'acte contient pacte commissoire. Il peut se faire que le pacte soit conçu dans la forme même dans laquelle la loi s'exprime pour le sous-entendre; ou bien l'on aura dit que, l'acheteur ne payant pas le prix au terme convenu, le contrat serait résolu de plein droit. Dans le premier cas, il faut appliquer les règles qui régissent le pacte commissoire tacite et laisser aux tribunaux la faculté d'accorder des délais. On arguerait vainement du texte de l'art. 1184 et des mots *dans ce cas*, pour en induire que le législateur a voulu établir une opposition entre le pacte commissoire exprès et le pacte commissoire tacite. Il a bien voulu signaler un contraste, mais entre les conditions résolutoires qui opèrent de plein droit et celles qui n'opèrent pas de plein droit. D'ailleurs, il serait illogique d'attribuer à la condition résolutoire exprimée plus d'effet qu'à la condition résolutoire sous-entendue.

Dans le second cas de pacte commissoire, il est certain que le juge ne peut pas accorder de délai (art. 1656, *in fine*); il est certain aussi que le vendeur doit mettre l'acheteur en demeure au moyen d'une sommation. Sur le dernier point, la loi pré-

sume l'indulgence du vendeur et un oubli excusable de la part du vendeur. Mais la controverse
commence quand il s'agit de savoir si les tribunaux
sont obligés de prononcer la résolution, lorsque,
par la comparaison des dates, ils reconnaissent que,
postérieurement à la consommation, l'acheteur a
fait au vendeur des offres réelles. Il est hors de
doute que, même après la sommation, l'acheteur
doit avoir un délai moral. Un système rigoureux
conduirait à cette conséquence, que l'huissier aurait le droit de refuser le payement immédiat qu'il
vient précisément réclamer. Le débat n'a lieu que
si l'on se place dans l'hypothèse où le délai moral
dont il s'agit se trouve expiré. Dans notre ancien
droit, l'acheteur conservait la faculté de payer jusqu'au jugement (POTHIER, *Traité de la vente*, nº 459).
Cette doctrine a-t-elle été conservée par le code?
Nous ne le pensons pas; la négative résulte pour
nous des discussions préparatoires (FENET, t. XIV,
p. 162 et p. 200); et nous nous fondons également
sur le texte même de l'art. 1656, suivant lequel l'acquéreur peut payer tant qu'il n'a pas été mis en
demeure par une sommation, ce qui veut bien dire
qu'une fois mis en demeure par une sommation, il
ne peut plus payer. L'art. 1656, il est vrai, ajoute :
« Mais après, cette sommation, le juge ne peut plus
accorder de délai; » d'où quelques jurisconsultes
ont conclu que la sommation avait pour unique
résultat d'enlever aux juges la faculté d'accorder un

délai de grâce. Mais cette restriction à leur pouvoir ne résulte pas de la sommation ; elle découle du pacte commissoire lui-même. Supposé, en effet, que le vendeur ait immédiatement procédé à une assignation en justice sans prendre le soin d'adresser à l'acheteur un acte extrajudiciaire, est-ce que, dans ce cas, le tribunal aurait pu accorder un terme de grâce ? Évidemment non ; la sommation est donc complétement inutile, si on ne lui accorde d'autre effet que de contraindre le juge à prononcer immédiatement la résolution de la vente ; elle ne peut procurer quelque utilité que si elle enlève à l'acheteur la faculté de payer dans l'intervalle qui s'écoule entre la mise en demeure et la sommation.

Il faut aller jusqu'à dire que le marché serait résilié par la seule expiration du terme, si le pacte commissoire exprès édictait formellement la résolution sans sommation. Le droit commun à cet égard est formulé dans l'art. 1139, et tant qu'il n'y est pas dérogé par une disposition formelle de la loi, il y a lieu de l'appliquer. Or une exception semblable ne se rencontre pas en matière de vente. La seule objection qu'on ait faite, est que cette clause, dont nous admettons la validité, deviendait de style. Et qu'importe ? les clauses de style doivent être prohibées toutes les fois qu'elles portent atteinte à la loi, aux bonnes mœurs ou à l'ordre public. On comprend bien, par exemple, que la loi, voulant conserver à la femme mariée sous le régime de la communauté le droit de renoncer, annule toute convention qui, dans le contrat de mariage, supprimerait cette faculté (art. 1435). On comprend que le Code ait prohibé la clause par laquelle le vendeur d'un immeuble renoncerait, dans l'acte de vente même, à l'action en rescision pour cause de lésion de plus des sept douzièmes du prix total (art. 1674). Mais lorsqu'une convention n'a rien qui puisse offenser la loi, les bonnes mœurs ou l'ordre public, la possibilité qu'elle devienne de style n'est pas une raison pour la prohiber. Il y aurait lieu plutôt d'en tirer une conséquence toute contraire, et décider qu'une pareille clause sera sous-entendue toutes les fois qu'on ne la rencontrera pas formellement exprimée. L'ancienne jurisprudence n'a pas procédé autrement pour adopter la condition résolutoire tacite : le pacte commissoire exprès était devenu de style, il était passé dans les habitudes juridiques de la France, on en vint, en conséquence, à le sous-entendre. Au reste, l'argument qu'on nous oppose se retourne contre l'art. 1139 qu'on est cependant bien obligé d'appliquer.

Dans toutes les hypothèses que nous venons de parcourir, nous avons toujours vu que la résolution était prononcée par un jugement. Mais supposons que le vendeur et l'acheteur soient d'accord l'un pour demander la résolution de la vente et l'autre pour avouer qu'il se trouve dans l'impossibilité de payer le prix. Pourront-ils anéantir à l'amiable le contrat comme s'il n'avait jamais existé, ou bien ce qu'ils auront qualifié de résolution ne sera-t-il autre chose qu'une rétrocession? La question est importante à deux points de deux points de vue : 1° si la convention amiable dont il s'agit n'est autre chose qu'une résolution, les droits réels consentis par l'acheteur vont s'évanouir ; 2° le fisc ne devra point percevoir un nouveau droit de mutation. Si, au contraire, il faut voir là une rétrocession, les droits réels en question seront maintenus, et il y aura lieu à la perception d'un nouveau droit de mutation. Nous nous prononçons dans le sens d'une résolution. A quoi bon, quand les parties s'accordent, les contraindre à faire en justice des frais frustratoires? Sans doute, les art. 1184, 1854 et 1855 parlent tous d'un jugement; mais c'est qu'ils se placent dans l'hypothèse la plus ordinaire, à savoir celle d'un débat entre l'acheteur et le vendeur ; en d'autres termes, ils ne statuent que *de eo quod plerumque fit*. Ce système, dit-on, sacrifie l'intérêt des tiers : cette objection n'est pas non plus fondée, les tiers qui prétendront que la résolution amiable cache une rétrocession et qu'elle a précisément pour but de faire tomber leurs droits, auront la ressource de l'action Paulienne (art. 1167).

CHAPITRE II.

Des effets de la résolution opérée.

Effet général. D'après ce qui précède, il est facile de voir que la condition résolutoire dont nous nous occupons, a la différence des autres conditions résolutoires, n'opère pas son effet de plein droit. Cela signifie que la résolution, pour non payement de prix, ne peut être invoquée que par le vendeur; ensuite, que dans le cas d'un conflit entre le vendeur et l'acheteur, un jugement est néessaire.

Cet effet général une fois indiqué, passons aux effets particuliers. Ils concernent les parties elles-mêmes ou les tiers. Les effets de la résolution entre les parties doivent être examinés : premièrement à l'égard de l'acheteur; secondement à l'égard du vendeur.

§ I. DES EFFETS DE LA RÉSOLUTION PAR RAPPORT A L'ACHETEUR.

Une fois prononcée, la résolution a un effet rétroactif, et remet les choses au même état qu'auparavant, comme si le contrat n'avait jamais existé (art. 1183). L'acheteur cesse donc d'être propriétaire comme s'il ne l'avait jamais été, et le vendeur recouvre la propriété comme s'il ne l'avait jamais

.perdue. A partir de ce moment l'acheteur est obligé :

1° *De restituer la chose.* Lorsque la vente a été consentie *a non domino*, la question s'élève de savoir si cette restitution pourra servir au vendeur à l'effet de joindre sa possession à celle de l'acheteur pour pouvoir prescrire. Nous avons vu que, dans le droit romain, ce point, du moins à l'origine, avait soulevé quelque doute; mais que néanmoins les jurisconsultes avaient fini par se prononcer dans le sens de l'affirmative. Nous croyons que, dans.le droit moderne, il faut adopter la même solution. L'art. 2235 porte, en effet, que pour compléter la prescription, on peut joindre à sa possession celle de son auteur, à quelque titre qu'on lui ait succédé, soit à titre universel ou particulier, soit à titre lucratif ou onéreux. Rien de plus général. Mais, dit-on, l'acheteur n'est pas un auteur dans le sens de l'art. 2235 : on entend par auteur celui de qui l'on tient ses droits; or, le vendeur ne tient absolument rien de l'acheteur, puisque la vente est considérée comme n'ayant jamais eu lieu. Nous répondons : l'acheteur est un auteur dans le sens de l'art. 2235, puisque c'est de lui que le vendeur tient sa possession nouvelle. Pourquoi la restitution s'est-elle opérée? En vertu d'une obligation contractée par l'acheteur, expressément ou tacitement, pour le cas où il ne payerait pas le prix. Rendant la

chose en vertu de cet engagement volontaire contracté par lui, c'est un auteur dans le sens propre
de ce mot.

2° *De restituer les fruits perçus pendant l'intervalle.*
En thèse générale, le propriétaire sous condition
résolutoire, débiteur par cela même sous condition
suspensive, n'est pas obligé de restituer les fruits;
l'effet rétroactif de la condition tel qu'il est formulé
dans les art. 1179 et 1183 s'arrête ici; la possession
intérimaire gardée par l'acheteur, le mandat d'ad-
ministrer qui lui a été donné, la nécessité d'une
récompense pour son administration, tout cela indique que l'intention des partis a été de lui laisser
les fruits perçus pendant l'intervalle. C'est ainsi
qu'ils restent à l'acquéreur sous pacte de rachat,
et à l'acquéreur actionné en rescision pour cause
de lésion de plus des sept douzièmes du prix total,
malgré le peu de faveur que celui-ci mérite. Mais
dans le cas particulier qui nous occupe, la restitution imposée à l'acheteur provient de sa faute;
il doit supporter la peine de sa négligence ou de
son dol; pour se dispenser de rendre les fruits, il
n'a que le moyen de faire évanouir la condition
résolutoire en payant le prix.

3° *D'indemniser le vendeur* pour les détériorations
qui proviennent de son fait ou de sa faute.

La résolution impose au vendeur :

1° De rembourser à l'acheteur les à-compte reçus ;

2° De lui rembourser en même temps les intérêts de ces à-compte, à partir du moment où ils ont été payés. L'acheteur étant soumis à la nécessité de restituer les fruits, une juste réciprocité exige que le vendeur à son tour restitue les intérêts. Il ne saurait élever la prétention de les garder par voie de compensation avec les fruits, cela ne serait ni juste ni juridique. Ce ne serait pas juste, les intérêts de sommes d'argent étant en général supérieurs à la valeur des fruits d'un immeuble; ce ne serait pas juridique, car dans certaines dispositions qu'il convient d'appliquer par voie d'analogie, le législateur prend la peine de proscrire cette compensation. Ainsi, dans le cas de rescision pour lésion, l'art. 1682, en imposant à l'acheteur qui ne veut pas payer le supplément du juste prix, l'obligation de restituer les fruits de la chose à partir de la demande, impose aussi au vendeur l'obligation de restituer les intérêts à compter de la même époque.

3° De rembourser à l'acheteur les impenses nécessaires, pour la totalité, et les impenses utiles jusqu'à concurrence de la plus-value. Si cependant cette plus-value excédait les facultés du vendeur, de telle sorte que celui-ci se trouvât dans l'impossibilité de la payer, il faudrait simplement permettre à l'acheteur d'enlever tout ce qui peut l'être sans dégradation. Autrement, il dépendrait de lui de rendre la résolution impossible en soumettant le vendeur à des charges trop lourdes. Quant aux dépenses voluptuaires on appliquera les règles ordinaires, et l'acheteur devra se borner à retirer ce qui pourra être enlevé sans détérioration.

Quant aux frais et loyaux coûts du contrat, l'acheteur qui les a payés ne peut se les faire rembourser. Au contraire, le vendeur qui en aurait effectué l'avance pourrait en réclamer la restitution. Il n'en est pas ici comme en cas de réméré. Et la raison de la différence est que, la résolution étant prononcée pour la faute de l'acheteur, c'est sur lui que doit retomber la perte de tout ce qu'il en a coûté pour l'acquisition. (Po-THIER, *Vente*, n° 470).

§ III. EFFETS DE LA RÉSOLUTION A L'ÉGARD DES TIERS.

Lorsque nous nous sommes occupés des conditions de conservation de l'action résolutoire, nous avons examiné par cela même les effets produits par le droit de résolution à l'égard des tiers qui avaient traité avec l'acheteur. Il nous reste à voir maintenant quelles sont les effets de la résolution prononcée, soit à l'égard des tiers qui ont traité avec le vendeur, soit à l'égard de ceux qui pourront traiter plus tard avec l'acheteur, soit enfin à l'égard de la régie.

En ce qui concerne les tiers qui ont traité avec le vendeur pas de difficulté, leurs droits se touvent rétroactivement confirmés ainsi que le sien.

Quant aux tiers qui peuvent ultérieurement traiter avec l'acheteur si la résolution n'est pas rendue publique, ils pourraient être trompés; car, allant consulter le registre des transcriptions, ils y verront que l'acheteur a été propriétaire sans pouvoir s'assurer qu'il ne l'est plus. Ainsi, l'art. 4 de la loi du 23 mars 1835 porte-t-il que les jugements prononçant la résolution d'un acte transcrit doivent, dans le mois à compter du jour où ils ont acquis autorité de la chose jugée, être mentionnés en marge de la transcription faite sur les registres. C'est à l'avoué qui a obtenu le jugement qu'incombe l'obligation d'opérer cette mention, sous peine de 100 francs d'amende. Ainsi, le défaut de transcription de la résolution judiciaire n'est nullement sanctionné par la nullité des actes que l'acheteur aurait pu passer avec les tiers; la sanction est une simple amende prononcée contre l'avoué. Il faut même aller jusqu'à dire que l'avoué ne serait pas responsable de l'absence de mention vis-à-vis des tiers.

La loi nouvelle ne parle point de la résolution à l'amiable. Ce n'est pas que le législateur ait voulu la proscrire. Comme les art. 1184, 1654 et 1655 il a statué de *ea quod plerumque fit;* et, comme d'un autre côté, les pénalités ne doivent pas être étendues par voie d'interprétation, l'amende infligée à l'avoué ne pourrait l'être au vendeur, qui aurait négligé de faire mentionner la résolution dont il s'agit en marge de la transcription. Il va sans dire que, si la convention cachait une rétrocession, elle devrait être transcrite pour produire effet à l'égard des tiers.

A l'égard de l'enregistrement la résolution judiciaire n'a pour effet ni de l'obliger à restituer les droits de mutation et de transcription régulièrement perçus (loi du 22 frimaire an 7, art. 60), ni de mettre obstacle à ce que la régie puisse exiger le payement dudit droit, à supposer qu'il n'eût pas encore eu lieu.

Mais la régie percevra-t-elle un nouveau droit proportionnel sur la résolution ou un simple droit fixe?

Plusieurs hypothèses sont à distinguer :

Première hypothèse. Le contrat de vente n'a reçu aucun commencement d'exécution ni de part ni d'autre. En ce cas, et tout le monde est d'accord sur ce point, il n'y a point lieu à la perception d'un nouveau droit d'enregistrement.

Deuxième hypothèse. Le contrat de vente a été exécuté par le vendeur, et l'acheteur est entré en possession. En ce cas encore, pas de controverse possible, un nouveau droit proportionnel sera perçu (loi du 27 ventôse an IX, art. 12).

Troisième hypothèse. Le contrat de vente n'a pas été exécuté par le vendeur, mais il y a eu de la part de l'acheteur payement partiel du prix. Dans ce cas, la régie élève la prétention, soutenue du reste par la jurisprudence, de percevoir un nouveau droit proportionnel. Elle se fonde sur le texte même de la loi du 27 ventôse an IX, art. 12 : « Les jugements, porte cet article, contenant résolution du contrat de vente pour défaut de payement quelconque sur le prix de l'acquisition, lorsque l'acquéreur ne sera pas entré en jouissance, ne seront assujettis qu'au droit fixe d'enregistrement, tel qu'il est réglé par l'art. 68 de la loi du 22 frimaire an VII, § 3, n° 7. » D'où la régie a conclu à la nécessité de deux conditions pour que le droit proportionnel fût remplacé par un simple droit fixe : 1° que l'acheteur ne fût pas entré en jouissance; 2° qu'il n'eût payé aucune portion quelconque du prix. C'est là, nous le croyons, une interprétation de texte par trop judaïque. Le législateur de l'an IX s'est placé pans l'hypothèse du non payement du prix, pour indiquer quelle était la base et la nature du droit de résolution, et non pour décider en thèse, que pour l'application de la loi, il fallait des choses absolument entières tant au point de vue de l'entrée en jouissance qu'au point de vue du prix.

Comme on le voit, l'art. 12 de la loi du 27 ventôse an IX ne parle, lui aussi, que de résolution judiciaire. La régie est venue encore tirer de là une conséquence relative aux résolutions à l'amiable : c'est que ces sortes de résolutions autorisaient dans tous les cas et d'une manière absolue la perception du droit proportionnel, non-seulement quand le contrat n'avait reçu commencement d'exécution, soit d'un côté, soit de l'autre, mais encore dans le cas inverse. Cette prétention ne nous paraît pas plus fondée que la précédente; et nous appliquerons, par voie d'analogie, aux résolutions à l'amiable ce que l'art. 12 de la loi de l'an IX décide des résolutions judiciaires. Il n'y a aucune espèce de raison de distinguer. Et si, sur ce point, la loi de l'an IX a gardé le silence, c'est qu'elle s'est occupée de l'hypothèse la plus commune, celle où la résolution est prononcée par jugement.

POSITIONS.

DROIT ROMAIN.

C'est à tort que Cujas a soutenu, en se fondant sur la loi **XXXIII** au Digeste *locati conducti*, que, suivant les jurisconsultes du Digeste, la chose vendue était aux risques du vendeur au point de vue du prix, et de l'acheteur au point de vue de l'*id quanti interest* seulement. C'était là une opinion particulière à Julien et à Africain ; et ce dernier a même quelquefois exprimé l'opinion contraire en l'exagérant.

Dans le contrat innommé *do ut des*, lorsque l'une des parties avait livré la chose qu'elle avait promise, les risques de l'objet dû par l'autre partie étaient, suivant Celsus, à la charge du débiteur (**L. XVI**, *de condictione causa data causa non sec.*), et, suivant Paul, à la charge du créancier (Loi V, *de præscr. verb.*).

Lorsque la vente avait eu pour objet la chose d'autrui et que le vendeur succédait au véritable propriétaire, la revendication qu'il exerçait contre l'acheteur pouvait être repoussée par l'*exceptio rei vendilæ et traditæ*; dans le cas inverse, le véritable propriétaire, devenu l'héritier du vendeur, pouvait, suivant le jurisconsulte Paul et suivant certains rescrits, revendiquer sa chose contre l'acheteur, sans avoir à craindre l'*exceptio rei vendilæ et traditæ*, sauf l'action en garantie appartenant à l'acheteur (L. LXXIII, *de evict.* au Dig.; L. XXXI au Code *de evict.*). Mais ce n'était pas là l'opinion générale (D., L. III, § *ult.*, *de except. rei vend.*; C., L. XI et XIV *de evict.*).

—

Dans les ventes faites sous condition suspensive, les fruits de la chose vendue, perçus pendant l'intervalle, appartenaient au vendeur; l'acheteur n'avait droit aux fruits qu'à partir de la réalisation de la condition (L. VIII *de peric. et com. rei vend. et trad.*); dans les ventes pures et simples, mais résolubles sous condition, telles que les ventes faites *sub in diem addictione* ou *sub lege commissoria*, l'acheteur devait, à l'accomplissement de la condition, restituer les fruits perçus pendant l'intervalle, bien que l'acheteur puisse dans ce cas être considéré comme un débiteur sous condition suspensive (l. V *de lege com.*; l. VI *de in diem add.*)

—

Lorsque l'acheteur encourait la *lex commissoria*, il était obligé de laisser, entre les mains du vendeur, soit les arrhes, soit les à-compte.

—

Dans les contrats innommés, qui ont quelque affinité avec le mandat, celle des parties qui a transféré la propriété de sa chose, peut exercer la *condictio ob pœnitentiam* tant que le contrat n'a pas été exécuté par l'autre partie. Mais cela ne doit pas être généralisé et appliqué à tous les contrats innommés, sans exception.

DROIT FRANÇAIS.

DROIT CIVIL.

Lorsqu'il y a dans la vente une clause portant que, faute de payement du prix à une époque convenue, le contrat sera résolu de plein droit, la résolution est encourue par suite de la sommation adressée à l'acheteur, sans que les tribunaux puissent s'empêcher de la prononcer, lors même que, postérieurement à la sommation, l'acheteur aurait fait des offres au vendeur.

—

La résolution de la vente pour défaut de payement du prix n'est pas nécessairement judiciaire;
elle peut avoir lieu à l'amiable.

—

Lorsqu'une rente a été constituée moyennant
l'aliénation d'un capital mobilier, et que le débiteur cesse, pendant deux années consécutives, de
remplir ses obligations, le rentier doit, pour obtenir la résolution du contrat et le remboursement
du capital, s'adresser à la justice qui peut accorder
au débiteur un certain délai.

—

Le droit de revendication accordé au revendeur
par l'art. 2102, n° 4, est un simple droit de reprise
de la possession, dont l'exercice n'anéantit point la
vente.

—

Le dernier acheteur, pour enlever aux créanciers hypothécaires le droit de s'inscrire, doit faire
transcrire non-seulement son propre contrat, mais
encore celui de tous les précédents vendeurs.

—

Pour conserver son privilége au point de vue du
droit de préférence, le vendeur, à défaut de trans-

cription faite par l'acheteur, doit lui-même faire transcrire, sous peine de se voir forclore par l'arrivée de l'une des époques fatales après lesquelles l'inscription n'est plus possible.

———

L'inscription du privilége du vendeur ne rend, quant aux intérêts, sa créance privilégiée, que sous la restriction édictée par l'art. 2151 du Code Napoléon.

———

Le vendeur d'effets mobiliers conserve son privilége et son droit de résolution, bien que l'objet vendu soit devenu immeuble par destination, et se trouve grevé d'hypothèque.

———

Lorsque le débiteur principal a constitué une hypothèque sur l'un de ses immeubles, le tiers acquéreur de cet immeuble qui paye la dette n'est pas légalement subrogé contre la caution, mais la caution le serait contre le tiers acquéreur.

———

L'héritier bénéficiaire peut, contre l'opposition et l'intérêt des créanciers héréditaires, revenir au régime de l'acceptation pure et simple.

DROIT PÉNAL.

Les circonstances qui influent sur la criminalité du fait à punir étendent leur effet aux complices, bien qu'elles résultent de qualités personnelles à l'auteur principal.

—

En général, l'action civile s'éteint par la prescription, en même temps que l'action publique.

DROIT PUBLIC ET ADMINISTRATIF.

Une puissance neutre, qui se rend adjudicataire d'un navire capturé par l'une des puissances belligérantes, fait acte d'hostilité à l'égard de l'autre.

—

Les conseils de préfecture sont compétents pour fixer l'indemnité qu'il y a lieu d'accorder au propriétaire, lorsque celui-ci, sans subir d'expropriation proprement dite, souffre cependant un dommage permanent.

HISTOIRE DU DROIT.

Antérieurement même au XVI° siècle, la condition tacite de résolution pour inexécution des charges tendait à s'établir dans nos anciennes coutumes.

—

Sous la monarchie franque, les lois étaient personnelles, en ce sens que chaque personne habitant le territoire était soumise à la loi de sa nationalité.

Vu par le président de la thèse,
A. DUVERGER.

Vu par le doyen,
C.-A. PELLAT.

Permis d'imprimer :

Le vice-recteur de l'Académie,
ARTAUD.

Paris. — Imp. W. REMQUET et Cie, r. Garancière, 5.

ERRATA.

Page 21 ligne 24, *au lieu de* dévinatoire, *lisez:* divinatoire.
— 33 *et passim, au lieu de* défenseur, *lisez:* défendeur.
— 40 — 19, *au lieu de* on avait dit, *lisez:* on aurait pu dire.
— 50 — 6, *au lieu de* pacte du constitut, *lisez:* pacte de constitut.
— » — 22, *au lieu de* prétendaient et soutenaient, *lisez:* prétendent et soutiennent.
— 51 — 10, *au lieu de* il, *lisez:* elle.
— 54 — 9, *au lieu de* moribus, *lisez:* minoribus.
— 59 — 2, *au lieu de* act ne empti, *lisez:* actionibus empti.
— *et passim, au lieu de* ente, *lisez:* vente.
— » — 10, *au lieu de* obsignarit, *lisez:* obsignavit.
— » — 23, *au lieu de* factis emptorum et venditorum, *lisez:* pactis inter emptorem et venditorem.
— 62 et suiv., *au lieu de* commissaria, *lisez:* commissoria.
— 77 — 20, *au lieu de* Dumat, *lisez:* Domat.
— 84 — 1, *au lieu de* rentré, *lisez:* entré.
— 85 — 13, *après* se contenter de, *suppléez:* l'authenticité de.
— 87 — 2, *au lieu de* non, *lisez:* nemo.
— 94 — 14, *au lieu de* droit d'usufruitier, *lisez:* droit d'usufruit.
— 94 — 4, *au lieu d'*intrinsèques, *lisez:* extrinsèques.
— 97 — dernière, *au lieu de* dublicité, *lisez:* publicité.
— 107 — 24, *au lieu de* confirmer, *lisez:* détruire.
— 114 — 4, *au lieu de* très-explicitement, *lisez:* très-clairement.
— 129 — 3, *au lieu de* était, *lisez.* devait être.
— 154 — 13, *au lieu de* une rente, *lisez:* en rente.
— 165 — 15, *au lieu de* chirographiques, *lisez:* chirographaires.
— 175 — 20, *au lieu d'*hypothécaire, *lisez:* chirographaire.
— 182 — 20, *au lieu de* n'a pas été publié, *lisez:* a été perdu.
— 183 — 24, *au lieu de* commerce, *lisez:* commence.
— 185 — 11, *au lieu de* ayant précédé, *lisez:* ayant eu lieu après
— 187 — 6, *au lieu de* consommation, *lisez:* sommation.
— 190 — 18, *au lieu de* 1854 et 1855, *lisez:* 1634 et 1635.
— 196 — 14, *au lieu de* ainsi, *lisez:* aussi.
— 204 — 11, *au lieu de* revendeur, *lisez:* vendeur.

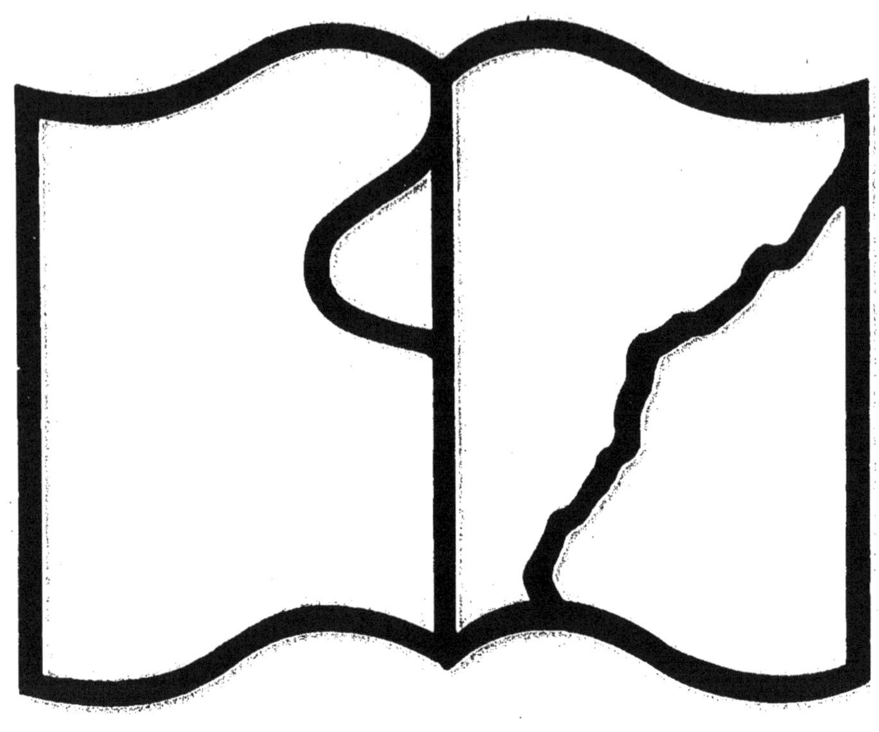

Texte détérioré — reliure défectueuse

NF Z 43-120-11

www.ingramcontent.com/pod-product-compliance
Ingram Content Group UK Ltd.
Pitfield, Milton Keynes, MK11 3LW, UK
UKHW020825120726
13693UKWH00002B/469